Михаэль Санилевич
Борис Белоцерковский
Александр Козлов

НАВЫКИ ЖИЗНИ

[практический курс]

Санилевич Михаэль, Белоцерковский Борис, Козлов Александр
НАВЫКИ ЖИЗНИ. Практический курс . – Laitman Kabbalah Publishers, 2021. – 208 с.
\

Sanilevich Michael, Belotserkovsky Boris, Kozlov Akexandr
LIFE SKILLS. Practical course. – 2021. – 208 pages.

Вступительная статья:
Владимир Краснов – заведующий кафедрой, доктор медицинских наук, кандидат педагогических наук, профессор в НМАПО имени П.Л.Шупика
Эфраим Элияв – доктор физико-математических наук, профессор-исследователь в области квантовой химии в Тель-Авивском университете, участник КАМЕЯ – специальной правительственной программы для выдающихся ученых.

ISBN 978-1-77228-099-9

DANACODE 760-164

Современная миросистема находится в состоянии фазового перехода и больше не позволяет нам использовать тот образ мышления, которого мы придерживались. Ситуация требует от нас выбора новой концепции жизни и сосуществования, которая будет основываться на глобальном сознании и социальной чуткости.

Какие жизненные навыки поддержат нас в эту эпоху перемен? Курс «Навыки жизни» – это междисциплинарный практический курс, сочетающий в себе разнообразные области знаний из точных и социальных наук.

© М. Санилевич, Б. Белоцерковский, А. Козлов, 2021.

ОГЛАВЛЕНИЕ

ОТ АВТОРОВ 7

ВСТУПИТЕЛЬНАЯ СТАТЬЯ 9

Часть 1.
ВЕДЕНИЕ В ИНТЕГРАЛЬНЫЙ МИР 13

Суть и корни объединения 15

Единство природы 18

Развитие наших связей 21

Учиться у природы 25

Всемирная история развития желаний 30

Эгоизм без границ 34

Факторы развития человека 38

Индивидуальность человека и влияние окружения 42

Свобода выбора 47

Кризис современного общества 50

Здоровье в эгоистическом обществе 59

Жизнь и смерть 65

Матаморфозы современной семьи 68

Супружеская жизнь 72

Разрыв поколений 76

Конец общества потребления 80

Суть работы в нашей жизни 85

Альтернатива кризису – интегральное образование..................89

Часть 2
КОММУНИКАТИВНЫЕ НАВЫКИ 93

Законы природы и законы общества 95

Любовь как закон природы...98

Сущность человеческих отношений....................................102

Внутренний мир человека...105

Моральные принципы и социальные нормы......................109

Межкультурная коммуникация..114

Трудности коммуникации...118

Средства массовой коммуникации......................................122

Виртуальные сообщества..126

Социальная дистанция...129

Искусство слушать 132

Публичные выступления...135

Мудрость толпы и групповые эффекты 139

Принципы равенства, свободы и единства в отношениях......144

Часть 3
УПРАВЛЕНЧЕСКИЕ НАВЫКИ...149

Планирование и целеполагание 151

Жизненные рамки и управление временем 155

Самореализация и личностный рост 158

Личная мотивация..161

Искусство учиться..166

Методика развития интегральных навыков......................170

Управление стрессом 174
Виды конфликтов и способы их решения 178
Методы принятия решений 185
Методика Круглого стола 190
Руководство по созданию команд 198

ИНФОРМАЦИЯ ОБ АВТОРАХ 205

КНИЖНЫЙ ИНТЕРНЕТ-МАГАЗИН............................207

ОТ АВТОРОВ

В последние годы произошли существенные изменения во всех сферах жизни: в обществе, экономике, экологии, психологии, образовании. Эти изменения ускорились со вспышкой эпидемии коронавируса. Нынешний период характеризуется неопределённостью, которая всё больше усиливается и сопровождается сложностью предсказать и спланировать будущее.

Коронавирус ощутимо высветил для нас идею, которая до сих пор казалась больше философской: все жители планеты зависят друг от друга и принадлежат к единой, неразрывной системе. По сути, сегодня выясняется насколько мы связаны друг с другом, – но связь наша пока проявлена в отрицательной форме. Фактически, наша реальность является сочетанием всеобщей взаимосвязи и эгоистическое отторжения. Есть ли выход из этого противостояния?

Современная миросистема находится в состоянии фазового перехода и больше не позволяет нам использовать тот образ мышления, которого мы придерживались. Ситуация требует от нас осознанного выбора новой концепции жизни и сосуществования, которая будет основываться на глобальном сознании и социальной чуткости, на изменении системы взаимоотношений между нами.

Несмотря на впечатляющие успехи в области медицины, науки и технологий, наряду с колоссальным интересом к искусственному интеллекту, в развитие человеческого духа было вложено намного меньше усилий.

Курс «Навыки жизни» – это междисциплинарный практический курс, сочетающий в себе разнообразные области знаний из точных и социальных наук.

Этот набор навыков и знаний позволяет:
- узнать систему законов природы и связь между ней и процессом развития общества;
- познакомится с причинами и тенденциями, которые привели человечество к нынешнему кризису;
- научиться выстраивать и поддерживать отношения между людьми;
- развить умение слушать и аргументировать, работать в команде и разрешать конфликтные ситуации;
- принимать более обоснованные решения, эффективно управлять временем и планировать жизненные цели.

И, самое главное, по окончанию изучения курса вы приобретете навыки самостоятельно определять смысл вашей жизни и методы его реализации.

ВСТУПИТЕЛЬНАЯ СТАТЬЯ

Владимир Краснов – заведующий кафедрой, доктор медицинских наук, кандидат педагогических наук, профессор в НМАПО имени П.Л.Шупика

Эфраим Элияв – доктор физико-математических наук, профессор-исследователь в области квантовой химии в Тель-Авивском университете, участник КАМЕЯ – специальной правительственной программы для выдающихся ученых.

Наш век особенно остро поставил проблему социализации личности. Человек зависит от своего социального окружения, поэтому любые ситуации, при которых у человека возникают напряжения и конфликты с людьми вокруг него, в конечном итоге приводят к проявлениям социального отторжения и деформации личности.

Умение строить гармоничные отношения с обществом не вкладываются в нас природой. Поэтому возникает вопрос о необходимости формирования в каждом человеке оптимального набора соответствующих умений. Одно из направлений, которое достаточно активно изучается и развивается последние два десятилетия, относится к формированию и развитию так называемых жизненных навыков (life skills).

В постоянно меняющейся среде жизненные навыки являются неотъемлемой частью способности справляться с проблемами повседневной жизни. Драматические изменения в мировой экономике за последние пять лет совпали с трансформацией технологий, и все они влияют на образование, рабочее место и нашу домашнюю жизнь. Чтобы справиться с растущими темпами и изменениями современной жизни, человеку нужны новые жизненные навыки, такие как способности постоянно учиться, эффективно планировать и управлять собственной жизнью, а также судьбами зависимых людей, справляться со стрессом и разочарованием. Современный человек в мобильном мире, в течение своей жизни будет часто сталкиваться с необходимостью интеграции в новые рабочие коллективы, что обычно сопровождается давлением и требованием к гибкости.

Всемирная организация здравоохранения (ВОЗ) в 1999 году определила основные межкультурные группы жизненных навыков. Под жизненными навыками ВОЗ понимает способность к адаптации и практике положительного поведения, что позволяет людям эффективно решать проблемы и преодолевать трудности повседневной жизни. В частности, предложенные ВОЗ жизненные навыки включали в себя группу психосоциальных компетенций и навыки межличностного общения, которые призваны помогать людям принимать информированное решение, решать проблемы, мыслить критически и творчески, эффективно общаться, строить здоровые взаимоотношения, сопереживать, справляться с жизненными проблемами и вести здоровый и продуктивный образ жизни. Жизненные навыки определялись с учетом того, что они могут быть направлены на личные действия или действия в отношении других людей, а также на действия по изменению окружающей среды с тем, чтобы сделать ее благоприятной и безопасной для здоровья (под здоровьем ВОЗ понимает состояние полного физического, психического и социального благополучия).

Изначально ВОЗ определила 10 жизненных навыков, которые необходимы любому человеку для успешной социализации в обществе и для обеспечения качества жизни.

Со временем логика важных жизненных навыков изучалась и усовершенствовалась различными организациями и научными коллективами. Уточнение этих навыков происходило для различных возрастов, специфических сфер деятельности и профессиональной принадлежности. Сейчас их перечень представляет собой достаточно внушительные размеры и типологизацию.

Считается, что содержание и формы жизненных навыков сильно варьируют в зависимости от социальных норм и ожиданий разных сообществ. Однако исследователи стремятся определить набор универсальных жизненных навыков, которые важны и приемлемы во всех культурах.

Базовый перечень, рекомендованный ВОЗ, представляет такую последовательность:[1]

- Навыки межличностного общения.
- Навыки ведения переговоров / отказа.

---

1 [https://www.who.int/school_youth_health/media/sch_skills4health_russian.pdf?ua=1]

- Формирование сопереживания / эмпатии.
- Сотрудничество и коллективная / групповая работа.
- Навыки пропаганды / защиты интересов.
- Навыки принятия решения / решения проблем.
- Навыки критического мышления.
- Навыки увеличения самоуверенности и способностей самоконтроля, принятия ответственности, изменения или достижения изменений.
- Навыки управления чувствами / эмоциями.
- Навыки управления стрессом.

В широком смысле термин «жизненные навыки» обычно используется для обозначения любых навыков, необходимых для успешного и эффективного решения жизненных проблем и достижения поставленных целей, как личных, так и социальных.

Данный курс представляет собой расширенный перечень жизненных навыков, который сформировался на основании изучения тенденций современного общества, в том числе в период пандемии коронавируса, а также многолетней практики преподавания подобных дисциплин широкой аудитории слушателей. К каждому жизненному навыку предлагаются подходы к пониманию его важности и основные принципы формирования.

Основное отличие данного курса от других состоит в том, что авторы предлагают задействовать базовую характеристику, на основании которой можно решить любую жизненную проблему. Этой характеристикой является принципиально новый уровень социализации личности и гармонизации общества: смещение акцента с подхода «Я – против общества» на «Я – в гармоничном обществе».

Часть 1.
ВЕДЕНИЕ В ИНТЕГРАЛЬНЫЙ МИР

ТЕМЫ КУРСА

- Суть и корни объединения.
- Единство природы.
- История наших связей.
- Учиться у природы.
- Всемирная история развития желаний.
- Эгоизм без границ
- Факторы развития человека
- Индивидуальность человека и влияние окружения.
- Свобода выбора.
- Кризис современного общества
- Здоровье в эгоистическом обществе.
- Жизнь и смерть.
- Метаморфозы современной семьи.
- Супружеская жизнь.
- Разрыв поколений.
- Конец общества потребления.
- Суть работы в нашей жизни.
- Альтернатива кризису – интегральное образование.

СУТЬ И КОРНИ ОБЪЕДИНЕНИЯ

Процесс под названием «объединение» охватывает всю природу.

Нейтроны и протоны образуют атомное ядро. Протоны, нейтроны и электроны создают атомы. Атомы соединяются в молекулы. Из молекул состоят различные вещества, в любом крошечном кусочке вещества, который мы можем разглядеть, например, в пылинке, содержится больше атомов, чем звезд во всей нашей Галактике.

Атомы могут различным образом соединяться друг с другом. Как из букв алфавита можно составить множество слов, так одни и те же атомы образуют молекулы или кристаллы огромного количества веществ.

Вещества не вечны, потому что не вечны их молекулы. Зато атомы практически вечны, за исключением радиоактивных. В каждом из нас найдутся атомы, которые существовали еще во времена динозавров или участвовали в плавании Колумба... Или образовались при большом взрыве – это, в основном, атомы гелия и водорода. Так что атомы, из которых мы состоим, пребывали в телах миллионов существ.

Растения тоже взаимосвязаны, их связывает не только общая территория – поле, луг, лес. Оказывается, растения связаны между собой на планетарном уровне.

Биологи из университета британского города Эксетер провели следующий эксперимент. У одного из размещенных рядом растений надрезали лист. В ответ растение, а это была капуста, выпустило газ метил. Получив сигнал SOS, растущие рядом овощи повысили в своих листьях содержание токсических веществ, чтобы отпугнуть непрошенных гостей – в первую очередь насекомых-вредителей. Исследователи считают, что подобным образом общаются не только овощи, но также цветы и деревья.

Следующее исследование иллюстрирует более широкие взаимосвязи. В воздухе над джунглями Амазонки постоянно витает большое количество органических частиц. Эти частицы, взаимодействуя с водяным паром, приводят к частым осадкам в регионе. Долгое время оставалось загадкой, откуда появляются эти частицы?

Исследование показало, что большинство из них содержат соли с высоким содержанием калия. А источник этих солей – растительность тропического леса. Вывод ученых – тропический лес самостоятельно вызывает дождь.

Эволюция природы доказывает, что процесс глобализации и интеграции на уровне социума, превращения всего мира в одну «маленькую деревню» не случаен.

Это естественный этап развития цивилизации. Примерно 2 миллиарда лет назад появились первые ядерные клетки. С тех пор жизнь на Земле прошла через различные формы кооперации. Эволюция – это путь интеграции, сборки, совместного развития сложных структур. Вся земная жизнь эволюционирует как единое целое. Информационный обмен, кооперация, симбиоз – вот на чем основывалось развитие жизни с самых первых ее шагов на Земле. Как это не похоже на старые представления о всеобщей безжалостной борьбе и изолированном, одиноком пути каждого отдельного вида!

Человек как венец природы не является исключением. Связанные стремлением к богатству, власти и знаниям, люди соединялись в племена, народы и, в итоге, – в целое человечество.

Но вот парадокс. Почему муравьи или птицы, объединившись, обретают сверхразум? Почему клетки, объединенные бесконечным количеством связей, превращаются в живое, способное думать и передвигаться существо? И почему мы, люди, объединившись, способны только играть в футбол или эффективно убивать себе подобных? Ответ, на самом деле, прост.

Все уровни природы, кроме человека, действуют автоматически. Согласно инстинкту, птицы собираются в стаи для дальних перелетов, овцы сбиваются в стадо при появлении волков. Всем все понятно. Волки хотят есть, а овцы хотят выжить.

И только люди, в отличие от более низких ступеней (неживого, растительного и животного) могут и должны объединиться осознанно, в любви и отдаче друг другу. Тогда мы по праву станем «венцом природы», ради чего и созданы.

Удивительно, насколько в результате взаимосвязи и взаимодействия однородных элементов, появляется нечто более совершенное. Группа элементарных частиц превращается в вещество. Растения, объединившись, способны вызывать дождь. Колония муравьев в состоянии обрабатывать информацию, которую отдельный муравей даже не воспринимает.

Что же ожидает в будущем объединившееся человечество, можно только предположить! Это совершенно точно откроет новые неизведанные возможности.

ВОПРОСЫ ДЛЯ САМОКОНТРОЛЯ

- Чем отличается процесс объединения на разных уровнях природы?
- Приведите примеры взаимного дополнения на разных уровнях природы и на человеческом уровне?
- В чем суть процесса объединения всех элементов природы?

ЕДИНСТВО ПРИРОДЫ

Пристальное изучение законов природы позволяет понять тайну её удивительного единства, где каждый элемент дополняет другой и является необходимым для функционирования. Под природой следует понимать всеобъемлющую единую мысль, общую силу, пронизывающую все мироздание. Осмысление природы в ее полном объеме отнюдь не ограничивается картиной той части материальной Вселенной, которую мы воспринимаем, растительным, животным миром и человечеством. Мы говорим о природе как о всеобъемлющем потоке сил и информации.

Спустя миллионы лет развития можно сделать вывод, что природа развивает нас с какой-то определенной целью по двум направлениям – с одной стороны, идет постоянная интеграция, объединение всех её частей, а с другой – дифференциация, разделение, которое приводит к разнообразию природных элементов.

На человеческом уровне процесс интеграции приводит к усилению взаимосвязи и взаимозависимости в обществе. Процесс дифференциации приводит к повышению индивидуализма и уровня эгоизма в людях, что в свою очередь приводит к большему разделению, внутренней дезинтеграции. Сегодня это проявляется как никогда явно и приводит к конфликтам, требующим немедленного решения.

Но давайте посмотрим, какие силы движут этим процессом и существует ли конечная цель в развитии природы!

В основе всего сущего лежит взаимодействие двух противоположных сил – силы развития (желание отдавать) и силы принимать (желание получать). Две эти главные движущие силы эволюции определяют принципы существования и динамику развития всех уровней и элементов мироздания: от субатомных частиц до мегагалактик, от царства минералов до человеческого общества.

Сила развития, эманации или желание отдавать первично относительно желания получать, и именно в нем заключено главное, творческое созидательное начало – энергия сотворения.

Сила отдачи (развивающая сила) формирует, совершенствует, соединяет воедино разрозненные части и создает глубоко интегрированные системы. Под ее воздействием микрочастицы объединяются в атомы, клетки живого организма функционируют как согласованное целое, люди создают общества. Идеи кооперации и общего блага, глобализация и взаимопомощь – все это разнообразные проявления этой силы. Эта сила исходит из Источника всего сущего, неисчерпаемого и ничем не ограниченного.

Вторая сила – желание получать, является порождением и следствием первой. В ней воплощается лишь стремление к существованию и наполнению. Вся окружающая нас действительность представляет собой не что иное, как разные величины и формы наполнения, удовлетворения своих потребностей. Наполнение необходимо на всех уровнях: и для поддержания структуры вещества, и для удовлетворения потребности к самовыражению.

Между этими силами, противоположными и, вместе с тем, неразрывно связанными, возникает постоянно действующее поле напряжения, в котором и разворачивается эволюционный процесс.

Сама идея о том, что ход эволюции определяется взаимодействием двух противоположностей, известна давно. Достаточно вспомнить дуальную оппозицию инь-ян в китайской философии, противоборство Добра и Зла в авраамических религиях. Особенно важен тот факт, что в современном эволюционизме появилась теория коэволюции, согласно которой развитие неживой и живой материи определяется взаимодействием двух начал – «кооперативности» (коэволюции) и «конкуренции», причем основное значение придается первому началу, а не второму. Конкуренция (естественный отбор) присутствует в одном виде, но, согласно теории коэволюции, она связана и происходит в четком соответствии со всеми остальным системами природы.

Природа предстает перед нами не как арена «борьбы за место под солнцем», а как единый, огромный организм, в котором гармония поддерживается за счет функциональной взаимосвязи отдельных частей. Каждая из них выполняет свои «эгоистические» программы – но в определенных пределах, постольку, поскольку это работает на поддержание целого, не противоречит интересам всей системы.

Глубокое изучение фундаментальных законов природы показывает, что сила отдачи (альтруизм) – это основа жизни. Все части природы взаимозависимы и взаимосвязаны. И общий закон мироздания – есть альтруистическое объединение эгоистических частей, или короче: закон альтруизма. Человек как часть природы тоже полностью подчиняется этим законам!

ВОПРОСЫ ДЛЯ САМОКОНТРОЛЯ

- Что такое интеграция на ваш взгляд?
- Какая необходимость разнообразия в природе?
- В какой форме индивидуализм может быть полезен обществу?
- Почему именно сила эманации является основой развития и жизни всех частей природы?
- Возможно ли, чтобы люди, наблюдая мудрость природы во всех проявлениях, сами развивались бесцельно?

РАЗВИТИЕ НАШИХ СВЯЗЕЙ

Интеграция человечества, начавшись с животной иерархии, прошла этапы племенной, общинной интеграции и достигла своей первой вершины при образовании империй. Империя интегрирует различные народы, но пока только внешне, силой, не особенно затрагивая самосознание людей.

Новым этапом более естественной, ненасильственной интеграции человеческого общества стало возникновение основных мировых религий и культур.

Именно в этот период у человечества появился альтернативный – не силовой способ покончить с бесконечной враждой. Свидетельство этому Авраам и его учение, возникшее в Вавилонии. В конце 2-го тысячелетия до н. э. из искр, посеянных Авраамом, возникают уже два духовных центра. На Западе – в Пятикнижие Моисея формулируется принцип, ставший впоследствии символом авраамических религий и всех гуманистических учений – «Люби ближнего твоего как самого себя» . На Востоке закладывается духовная основа дхармических религий. Две с лишним тысячи лет назад религия и культура начали становиться новой интегральной сутью человека. Он уже мыслил себя не только индивидуально и как житель своей империи, но и как часть определенной религиозной или культурной традиции.

В дополнение к религиям и культурам возникли и расцвели национальная, классовая и идейная интеграции. Такой вид интеграции стал возможным благодаря социальным и технологическим новшествам, облегчающим связь между людьми.

Книгопечатание сделало доступным книги, позволило большому количеству людей получить доступ к знаниям. И все же, несмотря на все формы взаимосвязей, люди одной национальности, одной веры, обладающие идентичными базовыми социокультурными характеристиками, могли начать войну между собой.

Далее происходит экономическая и информационная интеграции, которые окончательно связывают уже не только отдельные страны и регионы, но и всё человечество в одно целое.

Связанные неразрывно и зависимые друг от друга в стремлениях к богатству, к власти и к знаниям, люди объединились племена, народы и, в итоге, в целое человечество.

Интегрировались в традициях, в идеях и, наконец, даже экономически в мировом масштабе.

При этом мы убедились, что ни богатство, ни власть, ни даже знания не делают нас счастливыми, не дают ответа на глубокие вопросы о смысле жизни, и не оберегают от глобальных войн, эпидемий и кризисов.

Связи между людьми будут проявляться всё сильнее, но это вовсе не означает, что единение всего человечества приведет к потере индивидуальности личностей и народов. Наоборот, человечеству необходимо будет сохранять и развивать индивидуальность каждого. Обезличивание и интеграция – это две противоположные тенденции. В интегрированных системах все элементы разные, но каждый находится на своём месте. Любой механизм состоит из разных деталей. Только когда каждая деталь делает то, для чего она предназначена, механизм работает правильно.

Самой высокоразвитой системой является человеческое общество, чем больше в нем разных систем, работающих ради процветания всего общества, тем больше проявляется ощущение блага каждым ее элементом. Проблема в том, что такое общество нам необходимо создать самим, его пока не существует.

Уже сейчас природа интегрировала людей так, что нет ни одного самостоятельного государства. Взаимосвязи в современном мире стали настолько тесными, что разорвать их и «самоизолироваться», воздвигнуть стену между своей страной и внешним миром не удается. Самые обычные вещи состоят из материалов, которые привозят из разных концов света. Если раньше внешне экономические связи в основном были лишь дополнением к национальной экономике, то теперь они встроены в хозяйственную жизнь любой страны, обойтись без них невозможно.

Всеобщие взаимосвязи и взаимозависимости делают нас уязвимыми. И ни одно государство не в состоянии полностью защитить свое население от неблагоприятных внешних воздействий. Сегодня в эпоху пандемии коронавируса мы это явно наблюдаем. Невозможно защититься от вирусов, кислотных дождей, ураганов, радиоактивных облаков или радиоактивных отходов, попавших в океан, где бы они ни появились, так как государственные границы их не останавливают. Наше благополучие и сама жизнь зависят теперь не только от нас самих и политики нашего государства, но и от того, что случается в далеких странах. Поэтому ученые часто сравнивают современный мир с паутиной или сетью: камень, брошенный в любое место, вызовет волнение по всему ее пространству.

Какие же выводы мы можем сделать? Они напрашиваются сами собой. Для того, чтобы жить благополучно в «тесном», взаимосвязанном мире, необходима очень высокая степень солидарности, согласованности действий, взаимной ответственности. Принимая любые решения, необходимо учитывать интересы всех и просчитывать возможные последствия.

Именно эти принципы должны стать главными для каждого человека и всех стран мира. Только тогда всеобщие тесные взаимосвязи и взаимозависимости раскроют перед человечеством огромные, неисчерпаемые возможности, то есть правила, которые мы перечислили, будут «работать на позитив». В противном случае они принесут лишь отрицательные последствия, что и происходит сейчас.

ВОПРОСЫ ДЛЯ САМОКОНТРОЛЯ

- Природа развивает нас к большей связи и зависимости, но внутри нас нет к этому никакого желания и, более того, мы испытываем отторжение. Объясните это явление.
- Почему именно взаимозависимость делает страны уязвимыми перед катаклизмами?
- Перечислите принципы взаимного поручительства и солидарности. Какие перспективы они раскрывают перед нами?

УЧИТЬСЯ У ПРИРОДЫ

«Учиться у природы» – эта фраза вызовет сомнения у многих. Чему, собственно, мы можем научиться у природы, если человечество в своем историческом развитии, наоборот, уходило от нее все дальше и дальше? Такой скептицизм вполне понятен: современные люди чаще воспринимают природу только как неиссякаемый источник полезных ископаемых, место отдыха и «лабораторию», в которой можно проводить любые исследования и эксперименты. Мы привыкли относиться к природе утилитарно и считать, что имеем право покорять ее, полностью подчиняя своей воле.

Действительно, человек – единственное существо на земле, наделенное интеллектом, способное преобразовать окружающую среду и создать то, чего в ней нет: культуру, общество, цивилизацию.

Однако, целостность мироздания, исследуемая наукой, заставляет нас признать простую истину: мы находимся не над природой, а внутри огромной, сложно устроенной системы, и связаны с ней множеством незримых нитей. Мы – особая ее часть и определенная ступень ее развития.

Глобальный экологический кризис подтверждает: нельзя отделять природу от человеческого общества, именно их взаимозависимость определяет сейчас судьбу человечества. Нам еще предстоит осознанно включиться в глобальную систему природы, понять ее законы и научиться жить, регулируя свою деятельность и изменяя самих себя, согласно этим законам. Итак, посмотрим, чему же мы можем научиться у природы.

Любые элементы природы – и самые большие (галактики, созвездия, планеты), и самые маленькие (атомы, молекулы) – можно рассматривать как нечто отдельное, существующее само по себе. Но в действительности каждый из этих элементов является частью более крупной и сложной системы, соразмеряет с ней свою деятельность и подчиняется ее законам. Например, клетка – это система, имеющая сложное строение, свою индивидуальную жизнь, и вместе с тем, – один из миллиардов «кирпичиков», из которых состоит организм – главная для клетки «управляющая» система. Организм, в свою очередь является частью других систем – вида, популяции и т. д. Все эти системы словно вложены друг в друга, и между ними существуют сложные, многосторонние связи.

Попробуем разобраться, как эти связи работают на уровне человеческого сообщества. Чем совершеннее организм или общество, тем больше разнообразие составляющих их частей и тем сильнее их интеграция. Причем, в социальном организме взаимная зависимость и согласованность отдельных частей (институтов, социальных групп, индивидов) является не менее сильной, чем в организме биологическом. Деятельность какой-либо одной части зависит от деятельности всех остальных, и наоборот. Иначе говоря, все части живут при помощи друг друга и друг для друга.

Сегодня мы все взаимосвязаны и зависимы друг от друга. Однако проблема заключается в том, что сознание подавляющей части современного человечества совершенно не соответствуют принципам, на которых строится высокоинтегрированная система в Природе. В ней все элементы выполняют свои «эгоистические» программы, но ради общей цели. Другими словами, в каждом обществе действуют **два основных закона – получение и отдача**. Эта основа коммуникации между двумя индивидуумами.

С одной стороны, каждый член общества старается получить все необходимое ему для жизни – это его индивидуальная эгоистическая программа, которая выполняется естественным образом.

С другой стороны, каждый человек должен отдавать обществу, заботиться о его благе. Но мы с вами не ощущаем взаимной связи и взаимной зависимости, а поэтому пренебрегаем выполнением этого закона. Мы не видим связь между моим благом и благом общества, поэтому естественным образом заботимся только о себе. А самое главное, что мы не ощущаем и не понимаем, что забота, отдача обществу – это закон, причем он действует на эмоциональном уровне, а не на уровне внешних действий.

Альтруистически относиться к ближнему – означает сосредоточить наши намерения, помыслы и заботы на его благе. Устремляясь в мыслях навстречу ближнему, человек желает всем остальным людям получить **всё, что им необходимо**. Однако, помимо заботы о насущных нуждах ближнего, нам нужно позаботиться о повышении **уровня осознанности всех людей**. Пусть каждый почувствует, что он часть всех остальных, часть целого, и начнет вести себя соответствующим образом.

Работа эта, прежде всего, внутренняя, чувственная. Хотя поначалу такой настрой, кажется, несколько неожиданным, однако им и только им обусловлено наше доброе будущее.

Помимо внутреннего альтруистического отношения к другим, в наших силах также совершать для них реальные альтруистические поступки, а именно: делиться знаниями о цели жизни и о способе ее осуществления. Если мы передаем другим это осознание, если в результате они почувствуют хотя бы общую (некоторую) причастность к проблеме, размышляя и продвигаясь в поисках ее решения, тем самым мы вызываем положительные сдвиги в единой системе, частями которой являемся.

Следует помнить, что на данный момент человечество противоположно природному альтруизму, а потому, даже маленькая продвижение с нашей стороны в определенной мере приближает всех к равновесию с природой. Тем самым сокращается дисбаланс, а вместе с ним и отрицательные явления нашей жизни. Сила человеческой мысли, наши чувства и эмоции имеют самое большое воздействие на мир. Когда мысль человека возвышается, позволяя ему изменить свое отношение к ближнему, он обретает новые устремления:

Кажется утопией, не так ли? Да, но мы должны понять, что это закон, замысел или высшая цель Природы.

Мы просто обязаны соблюдать эти законы. Для этого мы наделены чувством и разумом. В наших силах представить себе жуткие последствия дисбаланса между нами и природой, не испытывая этого кошмара на собственном опыте. Сейчас мы противоположны этим законам и, как следствие нарушения их, человечество подвергается разрушению как изнутри (депрессии, распад семьи) так и снаружи (экономические и экологические катаклизмы, эпидемии и т.д.)

«Удары» природы происходят в точности и в соответствии с уровнем развития общества. Страдания возрастают в мере нашей удаленности от сотрудничества, кооперации и солидарности. Ведь как мы говорили ранее, это основные принципы развития живых организмов в Природе.

Но мудр тот, кто в зачатке видит всё явление целиком. Если мы достаточно четко и ярко представим себе наихудшее состояние еще до того, как реально окажемся в нем, то такая картина может послужить для нас стимулом, заблаговременно отвращающим от потенциального зла и устремляющим к доброму будущему. Так мы сумеем избежать колоссальных страданий и ускорим темп своего развития. Всеобщее знание о причинах кризисов и о пути их преодоления призвано ускорить поступательное движение человечества по направлению к исправлению и приблизить переход к новой жизни.

Этап «поверхностной», механической и насильственной интеграции завершился, и теперь перед человечеством открывается возможность свободного выбора и целенаправленного «самопрограммирования» на процесс вхождения в новый интегральный мир. Именно сейчас, как никогда, востребована способность человека к умению «превзойти себя».

Это означает, что нам самим придется выстраивать отношения и связи. Только таким образом можно войти в резонанс с объективно развивающимися процессами и избежать давления эволюции, которое может действовать жестко и неумолимо.

То есть можно предположить, исходя из наблюдений, что природа словно дает нам шанс впервые в истории самостоятельно интегрироваться в единство.

Природа заинтересована в том, чтобы сохранять нашу самостоятельность и способность добровольного выбора пути исправления. Старания, приложенные в этом направлении, помогут нам обнаружить, в чем именно мы отклоняемся от законов природы и, как следствие, испытываем ее негативное воздействие. Если бы ситуация представала пред нашим взором в виде ясных, твердых и однозначных фактов, мы лишились бы возможности свободного выбора, являющегося единственным средством реализации того неповторимого потенциала, который свойственен человеческой ступени. В таком случае, мы опустились бы на животный уровень, полностью управляемый командами природной программы, заложенной в нем. Природа поместила нас под завесу сокрытия, чтобы предоставить нам возможность самостоятельно восполнить недостающее и, на фоне воспринимаемой картины, сформировать внутри себя целостный уровень человека духовного. Правильно применив свою способность к свободному выбору, мы добьемся успеха.

ВОПРОСЫ ДЛЯ САМОКОНТРОЛЯ

- Приведите примеры чему можно научиться у природы?
- Какие два основных закона коммуникации существуют?
- В чем заключается суть закона отдачи обществу?
- Какова причина скрытия законов взаимосвязи в обществе?

ВСЕМИРНАЯ ИСТОРИЯ РАЗВИТИЯ ЖЕЛАНИЙ

На заре истории **в эпоху первобытности** наш эгоизм был еще очень слабым, едва различимым, подобно эмбриону в теле матери, а желания – простыми и немногочисленными. Добыть пищу, обеспечить теплое жилье и безопасность для себя и своих сородичей, сохранить потомство – все желания первобытных людей, как и животных, подчинялись задаче выживания. И решалась эта задача примерно теми же способами, какими решают ее животные.

Животное берет все необходимое из окружающей среды, и первобытный человек, занимаясь охотой, рыбной ловлей и собирательством, тоже использовал ресурсы природы, причем в ограниченных количествах. В те времена люди еще не умели преобразовывать окружающую среду, подчинять ее себе, для этого прежде всего не было технических средств. Подобно животным, наши предки стремились главным образом приспособиться к ней и сохранить равновесие, удержать свою экологическую нишу.

Долгая **эпоха «природного» эгоизма**, который мог поддерживать равновесие с природой, закончилась приблизительно 10-12 тысяч лет до нашей эры, когда некоторые племена на Ближнем Востоке начали выращивать хлеб и разводить скот. Это событие, которое ученые назвали «сельскохозяйственной революцией» (или неолитической), повернуло ход истории в другом направлении. Люди стали заниматься производительным трудом, то есть научились воспроизводить и умножать дары природы.

«Сельскохозяйственная революция» открыла путь для развития самых разнообразных потребностей, а, следовательно, и для роста эгоизма. Однако прежде всего нужно было создать для этого прочную материальную базу. Поэтому не случайно именно стремление к богатству вышло на первый план в эпоху неолита и особенно – Древнего мира. Благодаря накоплению богатств появилась частная собственность, возникло имущественное и социальное неравенство, государственная власть, встававшая над обществом, стало возможным строительство крупных сооружений, городов и храмов, развитие торговли.

Начиная с I тысячелетия до нашей эры и особенно в Средние века ведущим **стало желание власти, славы, почестей**. На протяжении этого времени создавались одна за другой огромные империи – мировые державы, которые насильственно объединяли в одно целое отдельные страны и многочисленные народы. Ассирийская империя, Вавилонская, Персидская, Римская, а затем – Арабский халифат, Византия, Османская империя, империи Чингисхана и Тимура... Порядок в них поддерживался с помощью разветвленного бюрократического аппарата и армии.

В эту эпоху было приложено много усилий для укрепления и совершенствования государственной власти и развития способов управления обществом. Одновременно совершенствовались методы ведения войны: появлялись новые виды оружия, конные войска, регулярный флот, инженерная и осадная техника, военная разведка, а затем ружья и пушки. Эгоизм к этому времени сильно возрос, но его сдерживали религиозные нормы морали, представления о грехе и воздаянии на том свете. Кроме того, еще сохранялись традиции коллективизма, особенно в деревнях.

В XV–XVIII вв. только в одном регионе мира – в Западной Европе – эгоизм перешел в свою последнюю, завершающую стадию. На этом этапе главным стало **стремление к знаниям**.

Одно за другим в обществе и в сознании человека происходили важные изменения, которые готовили «революционный» переворот. Великие географические открытия раздвинули границы мира, деятели Возрождения поставили на первый план ценность человеческой индивидуальности. Реформация разрушила веру в незыблемый авторитет церкви, капитализм «оправдал» стремление к накоплению материальных богатств и конкуренцию. Особое значение сыграла научная революция, которая положила начало научно-техническому прогрессу и вере в то, что человек, подобно Богу, способен изменить природу и создать совершенное общество, улучшая законы, развивая промышленность, торговлю, науку и технику.

Теперь эгоизм мог развиваться практически беспрепятственно. Эта стадия завершилась появлением в XX в. на Западе общества потребления, которое открыло уникальные возможности для удовлетворения любых потребностей – в том числе и «ложных», навязанных рекламой. Благодаря массовому производству и научным достижениям стало возможным желать чего угодно и в неограниченных количествах. Появился и особый тип человека – тотального эгоиста, нарцисса, которого не интересуют социальные проблемы и окружающие люди, так как он любит только себя и заботится только о себе: о своем здоровье, карьере, материальном благополучии.

В результате в современном обществе разрушаются связи между людьми, слабеет солидарность, угасает социальная активность, а сама личность эгоиста-нарцисса становится все более мелкой и пустой. Таков на сегодняшний день итог долгой истории человеческого эгоизма.

Но непрерывный рост эгоистических желаний не следует считать злом или ошибкой природы, его нужно рассматривать как необходимый, естественный путь развития человека.

Желания сами по себе нейтральны, намерение определяет – является ли желание хорошим или плохим и именно это называется эгоизмом. Именно намерения каждый должен скорректировать и уравновесить.

Можно сказать, что, выстраивая в себе намерение каждое свое действие направлять на благо всего человечества, всей природы, человек учится и старается проявлять свойство отдачи.

ВОПРОСЫ ДЛЯ САМОКОНТРОЛЯ

- Перечислите этапы развития желаний человека?
- Какая связь между эгоизмом и желаниями человека?
- Как разрешить конфликт между интересами общности и интересами индивидуалиста?
- Эгоизм невозможно уничтожить, только сбалансировать альтруизмом, но где взять эгоисту альтруистическую силу?
- Какая разумная мера использования индивидуального эгоизма в рамках целей общественного блага?

ЭГОИЗМ БЕЗ ГРАНИЦ

Природный эгоизм имеет ограниченные пределы и развиваться не может. Желания различных видов животных, растений, птиц или бактерий, конечно, отнюдь не одинаковы, но эти различия заданы раз и навсегда.

У растений, которые нуждаются в солнечной энергии, не появится желаний, свойственных животным. Точно так же всегда будет существовать разница между потребностями хищников и травоядных.

Действия животных направляются инстинктами, поэтому поведение особей одного вида примерно одинаково. Иногда (особенно у приматов) могут проявляться и небольшие индивидуальные особенности, однако даже самое умное животное, которое выделяется среди своих сородичей, не сумеет выйти на уровень желаний человека. С возрастом животные не «совершенствуются», они просто достигают зрелости, и в этот период все их инстинкты раскрываются полностью.

Желания того или иного вида тоже остаются неизменными: потребности волков и зайцев тысячелетия назад были абсолютно такими же, как и в наши дни. И потребности эти весьма скромны, ведь на первом месте стоят инстинкты самосохранения и продолжения рода.

Желания человека гораздо более разнообразны. Их можно разделить на несколько групп. Простейшие желания, необходимые для выживания: потребность в пище, жилье, в сексуальной жизни и сохранении потомства. Эти желания сближают нас с животными и, по своей сути, они являются «природными», — в отличие от следующих трех, которые имеются только у человека:

- желание приобретать материальные блага (деньги, предметы роскоши и тому подобное);
- желание добиваться власти, почести, известности;

- стремление к знаниям, желание постичь мир, его устройство и законы, проникнуть в суть вещей.

Любое из желаний человека может возрастать до бесконечности. Даже базовые желания человека, связанные с выживанием, могут возрастать безгранично под воздействием намерения человека получать для себя в ущерб другим. Хищник, удовлетворив голод, какое-то время не будет охотиться и не станет нападать на жертву, пока не проголодается вновь. Человек же «голоден» всегда. Едва успев получить желаемое, мы сразу начинаем желать что-то еще или то же самое, но лучшего качества и в больших количествах.

Человеком движет зависть и стремление превзойти окружающих (чтобы было «лучше, чем у соседа»). Поэтому нам требуется еще более изысканная еда, более просторные и красиво обставленные дома, более модная одежда, более роскошная машина и более престижная должность. И, конечно, всегда необходимо больше денег.

Мы никогда не останавливаемся на достигнутом. Человеку кажется: осталось совсем немного, я добьюсь еще этого (куплю дом и машину, стану начальником и так далее), и тогда можно будет остановиться. Но – нет. Удовлетворение любого желания приносит радость очень недолго, – на смену старому сразу появляется новое желание или несколько новых сразу.

У каждого из нас много различных желаний, влияющих на наш характер, взаимоотношения с людьми, выбор работы, семейную жизнь. У одного сильнее проявляется, скажем, жажда знаний, а у другого – стремление к власти; однако оба желания могут совмещаться с остальными, например, с желанием богатства.

На наши желания влияет общество. Бывали периоды в истории, когда стремление зарабатывать как можно больше считалось чуть ли не позорным. А в наши дни не редко к людям, которые не умеют или не хотят этого делать, относятся с некоторой долей презрения. С возрастом наши приоритеты склонны изменяться. В молодости секс, деньги, карьера часто стоят на первом месте. В зрелом возрасте люди склонны к переоценке ценностей, больше задумываются о смысле жизни.

Разнообразные желания у людей смешиваются в различных пропорциях, так возникает бесчисленное количество комбинаций. Это и делает нас такими непохожими друг на друга. Трудно найти двух совершенно одинаковых людей, у которых все желания совпадали бы полностью. И все-таки сами по себе желания, те «кирпичики», из которых состоит наша неповторимая индивидуальность, – общие для всех.

Давайте подведем итоги. Желания сами по себе – нейтральны, именно намерение определяет, является желание хорошим или плохим. Между людьми существует природная «ненависть» (беспричинная, естественная), – когда каждый заботится о себе, то есть всегда предпочитает собственную выгоду – намерение получать для себя. Именно это называется эгоизмом. Речь идет только об общественных желаниях человека.

Естественные потребности в пище, сексе, безопасности, семье не являются эгоистическими желаниями и принципиально не отличаются от желаний животного мира. А наши социальные желания могут возрастать до бесконечности, выходя далеко за рамки необходимого.

Рост эгоизма на определенном этапе истории был необходим: он побуждал человечество к прогрессу, созданию цивилизации, развитию экономики, государства, науки. Однако, в наши дни, когда человечество стало взаимосвязанным и взаимозависимым, эгоизм исчерпал свои позитивные возможности и стал разрушительной силой, которая представляет угрозу и для самого человека, и для общества и Природы.

Нам необходимо осознать, что чем большие противоречия и разногласия проявляются сейчас между людьми, тем они будут более близки, когда смогут правильно использовать свой эгоизм: приподняться над ним ради более высокой цели. Все изменения произойдут на уровне взаимоотношений. Изменить необходимо собственное восприятие другого человека, и уже из этого нового ощущения естественным образом будут разворачиваться те или иные действия.

ВОПРОСЫ ДЛЯ САМОКОНТРОЛЯ

1. Чем отличается природный эгоизм от человеческого?
2. Какие признаки указывают на то, что эгоизм исчерпал свой созидательный потенциал?
3. Зачем нужен эгоизм и какова цель его развития?
4. Почему человеческий альтруизм называют замаскированным эгоизмом?
5. Что определяет наш эгоизм как отрицательное качество?
6. Как уравновесить наши желания? Как стать их хозяином?

ФАКТОРЫ РАЗВИТИЯ ЧЕЛОВЕКА

Окружающий нас мир – это мир результатов, корни же всего происходящего кроются в законах природы. Поэтому любой предмет или явление являются следствием предшествующих процессов. Например, лед образуется из воды, растение развивается из семени, а мы являемся продолжением своих родителей.

ПЕРВЫЙ ФАКТОР – ОСНОВА

В процессе возникновения одного явления из другого одна и та же сущность теряет свою предыдущую форму и принимает новую. Так, например, молекулы воды могут принимать форму жидкости или форму твердого тела (льда). Суть, которая оставляет прежнюю форму и приобретает новую, содержит в себе информацию обо всех этапах развития объекта.

Например, семена помидора содержат в себе всю информацию о развитии растения и созревании плода. Эта сущность, лежащая в основе всего процесса развития и определяющая его, называется «основой».

Основой человека является наследственная информация, которую каждый из нас получает от предыдущих поколений. Тот комплекс свойств, который мы получаем «в подарок» от наших предков, включает не только внешние формы, но и личностные качества. Все, что было достигнуто предыдущими поколениями: идеи, мысли, мнения, – все это теряет свою предыдущую форму и переходит к нам в виде предрасположенности, внутренних свойств, то есть как потенциал, ожидающий своей реализации.

ВТОРОЙ ФАКТОР – СВОЙСТВА, КОТОРЫЕ НЕ ИЗМЕНЯЮТСЯ

Каждая основа содержит в себе набор свойств, которые могут реализоваться на практике. Часть этих свойств неизменна. Например, из семени пшеницы может развиться только пшеница, а не овес, например, а у жирафа родится жираф, который никогда не станет львом.

Развитие природных свойств человека в течение его жизни зависит только от окружения, в котором человек растет. Склонность к уступчивости, например, будет способствовать формированию мягкого, покладистого характера. Но развитие этого качества напрямую зависит от окружения, в котором человек растет и воспитывается. Если окружение целенаправленно поддерживает и развивает это свойство, то оно непременно будет проявляться устойчиво и закрепится в поведении людей, входящих в это окружение. И эта зависимость приводит нас к третьему фактору.

ТРЕТИЙ ФАКТОР – СВОЙСТВА, КОТОРЫЕ ИЗМЕНЯЮТСЯ

В каждой основе есть качества, которые способны изменяться под воздействием окружающей среды. Например, высота или качество пшеничных колосьев, которые вырастут из семян, будут меняться в зависимости от свойств почвы, количества воды и света.

Также и наши внутренние свойства, полученные от родителей, могут или развиться в той или иной степени, или не развиться вообще. И это происходит в результате влияния окружающей среды.

Например, человек от рождения склонен быть скупым. Окружение, в котором он растет, будет влиять на большее или меньшее развитие в нем этого качества.

Вместе с тем человек обладает определенным преимуществом. В отличие от других уровней природы он может полностью изменить в себе определенные характеристики.

Например, та же склонность к скупости может никогда не проявляться в том случае, если общество даст человеку полную уверенность в благополучии его существования. И при этом окружающие не будут оценивать скупость, как положительное качество.

ЧЕТВЕРТЫЙ ФАКТОР – ВНЕШНЕЕ ВОЗДЕЙСТВИЕ

Каждый из нас находится под воздействием определенного окружения. Но на нас еще влияет и более широкая среда, например, всевозможные экологические катастрофы, пандемии и экономический кризис. Они тоже имеют воздействие на природных качества человека. Скажем, та самая склонность к скупости может усугубиться в условиях экономического кризиса и может проявляться уже как бережливость.

Итак, четыре фактора определяют все стадии развития любого творения. Первый из них – основа – то, что заложено в нас еще до нашего рождения и без нашего на то согласия. В отношении трех остальных факторов, суть которых состоит во влиянии окружающей среды, нам предоставлен выбор. Выбирая правильное для нашего развития окружение, мы можем изменить свою жизнь, обратив ее из тяжкого пути, наполненного страданиями, в увлекательное путешествие.

ВОПРОСЫ ДЛЯ САМОКОНТРОЛЯ

- Приведите примеры свойств, относящихся к основе, которые не изменяются, и наоборот которые могут изменяться?
- Как совокупность 4-х факторов определяет состояние любого объекта?
- Как Ваше окружение в тот или иной момент жизни определило Ваш жизненный путь?

ИНДИВИДУАЛЬНОСТЬ ЧЕЛОВЕКА И ВЛИЯНИЕ ОКРУЖЕНИЯ

Каждый из нас искренне уверен в том, что совершенно не похож на других и является уникальной личностью, единственной и неповторимой. Мы убеждены также, что можем сами строить свою жизнь – стоит только повзрослеть и выйти из-под опеки родителей. На самом деле все это верно лишь отчасти.

Прежде всего попробуем разобраться, что именно в нашем характере, привычках, вкусах, образе жизни и взглядах действительно наше, а что появляется в результате воздействия каких-то других факторов и от нас не зависит.

НАШ ГЕНЕТИЧЕСКИЙ БАГАЖ

Очень многое «закладывается» в нас еще до рождения благодаря генетическому наследованию. От наших родителей, дедушек и бабушек и более далеких предков нам передаются некоторые черты характера и внешности, заболевания или предрасположенность к ним, таланты и интересы.

Вы уже знаете, что, например, способность к «чистому» альтруизму зависит по преимуществу от набора генов. И этим дело, конечно, не ограничивается. Генетики утверждают, что гены определяют и многое другое, – даже склонность к супружеским изменам или самоубийству. Но наряду с этим родственники могут наградить нас выдающимся интеллектом, способностями музыканта или художника. Не случайно великие композиторы часто рождались в «музыкальных» семьях.

Таким образом, «генетический багаж» играет очень важную роль в нашей судьбе. И, к сожалению, здесь мы не властны ничего изменить: какое «наследство» мы получим – хорошее или плохое, – от нас не зависит. Однако его роль не стоит преувеличивать, влияние генов не фатально хотя бы потому, что дальше свой вклад в нашу индивидуальность вносит окружение, начиная с самого ближнего круга – семьи и заканчивая дальним – обществом в целом.

НАША СЕМЬЯ

Семья – это первое, изначальное и самое главное наше окружение, которое «лепит» нас, в котором генетически заложенные качества могут развиваться или подавляться. Здесь ребенок получает первый опыт **социализации.**

Этот опыт далеко не одинаков у всех, поскольку общие, единые нормы и правила воспринимаются и осуществляются на практике по-разному в разных семьях. Допустим, у ребенка отсутствует ген альтруизма. Если родители воспитывают в нем альтруистические качества и подают пример своим поведением, их отпрыск, конечно, вряд ли посвятит жизнь бескорыстному служению человечеству, но, по крайней мере, научится контролировать и сдерживать эгоистические устремления. Если же такой ребенок родится в семье, где царит культ денег и потребительства, то, скорее всего, со временем он превратится в закоренелого эгоиста.

Родители могут помочь ребенку раскрыть себя или наоборот – препятствовать развитию заложенных в нем склонностей. Понятно, что от нас не зависит, в какой семье мы родимся и чему научат нас родители. Здесь, как и в случае с генами, мы ничего изменить не можем.

ВЛИЯНИЕ ОБЩЕСТВА

Общество влияет на нас гораздо сильнее, чем семья. Осознаем мы это или нет, но общество, в котором нам довелось жить, заставляет нас следовать стандартам: как следует одеваться и обставлять квартиру, какую пищу есть, как вести себя дома и на людях, как строить семейную жизнь, к чему следует стремиться, какие цели ставить. Представления о добре и зле, о любви, истине, красоте, о труде – все это формируется главным образом под воздействием общества.

Возьмем в качестве примера отношение к бедности. В Средние века в христианской Европе бедность не считалась «пороком». Нищие, живущие, как «лилии полевые», олицетворяли идеал отказа от всех мирских благ. Отношение к ним резко изменилось в эпоху капитализма, когда героем дня стал деловитый предприниматель, умеющий делать деньги и приносить пользу себе и другим: в глазах общества нищие превратились в бездельников и попрошаек, для борьбы с ними издавались специальные, весьма жестокие указы.

Сегодня наше общество является средой, которая пропагандирует культуру разделения, конкуренцию, культуру потребления, нарциссизм и этот список можно продолжать. Мы живем в обществе, которое высоко ценит чрезмерное потребление, в котором отдача и забота – просто красивые слова, а тот, кто этим занимается выглядит глупо. Поэтому, когда людям предлагают объединиться – все смеются, потому что подсознательно понимают, что это является невыполнимой задачей, даже если людям ясно, что это дает много преимуществ для всех.

Мы вновь возвращаемся к той же драматической ситуации, что наши эгоцентрические ценности разделяют нас все больше и больше, а внешние условия толкают к большей связи. Поэтому сейчас важно узнать, как **организовать связь между нами через изменение ценностей окружения.**

Если я даже осознал важность объединения с остальными, я не смогу этого сделать. Мой природный эгоизм не позволит мне делать действия, не получая поощрение от общества. Если в обществе будут важны такие ценности, как объединение и взаимное участие, тогда я смогу заботиться обо всех.

Мы пока не понимаем, каково истинное влияния окружающей среды на наши ценности и на все то, что мы делаем. Одно понятно, что способность человека менять общество, это и есть его свободный выбор.

Переоценка ценностей обществом и каждым его членом – это и есть первый шаг. Затем необходимо **создать мотивацию** у человека. Обратиться к его потребностям – любопытству, отсутствию экономической безопасности или здоровья. Затем человеку необходимо ощутить, **что наполнение от отдачи обществу намного больше, чем от любых эгоистических обретений.**

Для достижения этой цели у нас есть только одно средство – **общественное мнение**. Нет ничего важнее для человека, чем мнение окружающих.

Человек обычно отрицает, что им движет желание добиться одобрения своих поступков. Вопрос о мотивации того или иного поступка застает его врасплох. Человек указывает на любознательность, даже на деньги, но не признается, что его мотив – общественное одобрение. Потому что общественное признание для него – самое главное! **Изменив общество, мы изменим себя.**

ВОПРОСЫ ДЛЯ САМОКОНТРОЛЯ

- Вы согласны с утверждением, что гены определяют не только наши физические свойства, но и наше мировоззрение?

- Что сильнее повлияет на поведение ребенка – генетический багаж или воспитание родителей?
- Можно ли изменить черты характера?
- Почему человек так легко поддается влиянию общества?
- Если человек попадает под влияние окружения, то он передает свой свободный выбор окружению. Вы согласны с таким утверждением?

СВОБОДА ВЫБОРА

Главное отличие человека от других видов жизни – не разум и, разумеется, не тело. Главное – способность делать выбор. Я делаю так, как Я хочу, и потому Я – человек. Мои решения зависят не от внешних обстоятельств, а от чего-то внутреннего. Состояние свободы или несвободы – внутреннее состояние. Человек есть синоним свободы.

Так ли это на самом деле? Давайте разберем.

С одной стороны человек существо сложное, и, конечно, его нельзя свести к арифметической сумме нескольких слагаемых: влияние генетического материала + семьи + общества. С другой, – если мы посмотрим на нашу жизнь, то увидим, что не так уж часто нам приходиться выбирать. Рождение, смерть, черты характера, наследственность, влияние окружения, наша естественная природа получать все для себя – все это оставляет человеку ограниченный выбор.

Вы задумывались, а была ли у вас вообще свобода выбора? Если мы действуем в рамках нашей эгоистической природы, максимум наслаждения при минимуме затраты энергии, то о каком выборе может идти речь? Мы лишь принимаем во внимание те и иные условия, ограничения, которые накладывает на нас окружающая среда, но в принципе, мы действуем только под воздействием одного единственного фактора – нашего эгоизма. Для того, чтобы его удовлетворить в каждый момент времени.

Поэтому свобода выбора – это свобода, в первую очередь, от своей эгоистической природы. Это – очень непростая задача, и человек не может справиться с ней в одиночку: всегда есть риск «увлечься» и совершить ошибку, оказаться в изоляции, принести вред себе и окружающим. Чтобы этого не произошло, нужно прежде всего создать вокруг себя «правильное», хорошее окружение – своего рода общество в миниатюре.

В такой среде мы не будем чувствовать себя изгоями, а главное – сможем развиваться в нужном направлении, потому что «правильное» окружение будет нас поддерживать и «подпитывать», создавать наилучшие условия для нашего роста, как бы подталкивать вперед.

Представим себе глобальную сеть, охватывающую весь мир, людей, живущих в разных странах и на разных континентах, состоящую из множества небольших групп (10-15 человек), которые пытаются освободится от своего эгоизма, подняться над ним и вносят эту идею в жизнь своих близких и друзей.

Почему предпочтение отдается группе? В ней можно установить непосредственные, «лицом к лицу», контакты, лучше почувствовать окружающих людей. Конечно, это только первый шаг. Сначала человек способен работать в масштабах, соразмерных его эгоистическому сознанию, поэтому узкий круг людей – наиболее комфортная для него среда. Но с течением времени круг будет расширяться, включать в себя все больше и больше участников. А в результате даст возможность каждому включить в себя все человечество.

В этом и заключается свобода выбора. Мы люди способны выбрать для себя окружение, которое поможет нам научиться выходить за пределы своего «я», включаться в других людей и ощущать интегральную силу, соединяющую все человечество как единый организм.

ВОПРОСЫ ДЛЯ САМОКОНТРОЛЯ

- Почему Природой сделано так, что свобода выбора заключается в выборе правильного окружения?
- Почему нам так важно мнение чужих людей, которыми мы пренебрегаем, и по сути нам нет до них никакого дела. Как этот парадокс объяснить?

- Каким на ваш взгляд должно быть правильное окружение?
- В чем заключается свобода выбора?

КРИЗИС СОВРЕМЕННОГО ОБЩЕСТВА

Кризисы – совсем не редкое явление в истории: человечество переживало их много раз. Некоторые преодолевались относительно легко, другие – труднее и с большими потерями. Но нынешний кризис не похож на все предыдущие. Ученые говорят о каком-то особом тупике, из которого нельзя выйти с помощью обычных средств и традиционных решений. И это неудивительно: впервые кризис имеет **глобальные масштабы**, то есть затрагивает все сферы человеческой деятельности. Кризис сказывается на жизни каждого человека в отдельности и на всем человечестве в целом.

Сейчас на нашей планете не осталось ни одного абсолютно «здорового» общества, которое было бы примером для остальных. Все человечество поражено тяжелой болезнью, и это означает, что нам всем вместе придется искать выход. Но сначала все-таки давайте разберемся с «симптомами» болезни.

Рассмотрим основные симптомы кризиса.

БУРНЫЙ ДЕМОГРАФИЧЕСКИЙ РОСТ И УГРОЗА ПЕРЕНАСЕЛЕННОСТИ

Примерно 5 тысяч лет назад на Земле жили всего 30 миллионов человек, в 1500 г. население выросло до 450 миллионов, а в 1900 г. оно достигло 1,65 миллиарда человек. В XX в. произошел настоящий демографический взрыв: к 1996 г. численность человечества достигла 5,8 миллиардов, а в наши дни уже превысила 7 миллиардов человек. Ученые считают, что перенаселенность грозит голодом, эпидемиями, кровавыми войнами и бунтами

«РАСПОЛЗАНИЕ» ЯДЕРНОГО ОРУЖИЯ

Сейчас около 30 стран (помимо ядерных держав) имеют технические возможности для создания ядерной бомбы. И эта цифра, скорее всего, будет увеличиваться. Кроме того, ядерное оружие может оказаться в руках террористов или глобальных криминальных структур, действия которых невозможно контролировать.

МЕЖДУНАРОДНЫЙ ТЕРРОРИЗМ

От этой глобальной опасности не защищено ни одно государство в мире, даже самые мощные военные державы. И никто не знает, когда и где будет нанесен удар. Международный терроризм и преступность превращаются в мировую войну, только особого рода: линии фронта здесь нет, и один из противников «невидим».

НЕСТАБИЛЬНОСТЬ МИРОВОИЙ ЭКОНОМИКИ

В последнее время все чаще происходят обвалы мировых рынков, острые финансово-экономические кризисы, которые наносят жестокие удары не только по бедным странам, но и по странам высокоразвитым и богатым.

БЕЗРАБОТИЦА

Безработица уже давно перестала быть случайным и временным явлением, она заняла прочное место в жизни современных обществ и неуклонно растет.

НЕРАВНОМЕРНОСТЬ ЭКОНОМИЧЕСКОГО РАЗВИТИЯ

Современный мир разделен на две неравные части – на богатый «Север» и бедный «Юг», «золотой» и «нищий» миллиарды. Около 3 миллиардов человек (почти половина населения Земли) живут в бедности или в нищете.

КРИЗИС СИСТЕМЫ ОБРАЗОВАНИЯ

Дело не только в падении общего уровня образования, особенно школьного, хотя и это – серьезная проблема. Не менее важно и другое: ни среднее, ни высшее образование не дают детям правильного представления о современном мире, о том, как следует жить, каких ценностей придерживаться. Иными словами, современная система образования не воспитывает человека. Отсюда и многочисленные проблемы подрастающего поколения: стремление уйти в виртуальную реальность, наркомания и алкоголизм, склонность к насилию и вандализму, чувство одиночества, отсутствие самореализации и так далее

РОСТ ЧИСЛА САМОУБИЙСТВ И ДЕПРЕССИЙ

По данным Всемирной организации здравоохранения (далее ВОЗ), более 350 миллионов человек и в бедных, и в богатых странах страдают от депрессии, которая выходит на первое место в списке самых распространенных болезней. Ежегодно в мире совершается более 800 тысяч самоубийств. По статистике, самоубийство является одной из главных причин смертности в возрастной группе от 15 до 29 лет, но при этом наибольшую склонность к суициду проявляют люди старше 70 лет.

ЗАГРЯЗНЕНИЕ ВОЗДУХА

Происходит из-за обилия токсичных веществ, которые содержатся в выхлопных газах автомобилей и в промышленных выбросах. В результате в атмосфере скапливаются парниковые газы. Это вызывает истощение озонового слоя (защитной оболочки, предохраняющей нас от солнечной радиации) и большие климатические изменения.

Некоторые ученые полагают, что нас ожидает глобальное потепление, другие говорят о глобальном похолодании. В любом случае рост числа стихийных бедствий и погодных аномалий совершенно очевиден: на нас обрушиваются ураганы, наводнения, лесные пожары, землетрясения, засухи. И прогнозы на ближайшее будущее мало утешительны.

ЗАГРЯЗНЕНИЕ ВОДЫ

В Мировой океан сбрасывается огромное количество загрязняющих веществ, в том числе и радиоактивных отходов. Сброс нефти достигает 600 тысяч тонн в год. На суше в грунтовые воды, в реки и озера попадают свинец, ртуть, пестициды и нитраты. Количество чистой пресной воды неуклонно убывает, уменьшается количество рыбы.

КОРОНАВИРУС

Нынешний кризис, вызванный пандемией «Ковид 19» уже назван самым большим, так как он захватил весь мир, и пока не видно выхода. Пандемия выступила катализатором тех процессов, которые уже шли, ускорила их и сделала более явными. Вирус – как землетрясение, он разрушил нестойкие конструкции, даже те, чей фасад выглядел вполне привлекательно.

Вы задумывались, а почему во всех пророческих книгах будущее описано как апокалипсис. Почему они не могли нам описать красивое будущее? Его нет? Дело в том, что оно зависит от нас с вами, мы его строим. Оно существует в потенциале, как запись в наших генах, но как это будущее проявится зависит от нас и наших отношений, да-да, именно наши связи определяют наше будущее.

ПРИЧИНЫ КРИЗИСА И ЕГО РЕШЕНИЕ

Кризис и борьба с ним наглядно показывают, что человечество не способно «управлять» миром. Все выходит из-под контроля: природная среда, общественная жизнь и техника. И это несмотря на то, что риски теперь просчитываются на компьютерах, методы прогнозирования катастроф постоянно совершенствуются.

Человечество все больше ощущает свое бессилие, и неудачи заставляют задуматься: почему Природа отзывается на нашу деятельность не так, как хотелось бы? Что мы делаем неправильно?

Как говорят медики, правильный диагноз – это половина успеха в лечении. Замалчивание же болезни и недооценка ее серьезности есть прямая угроза жизни. Чтобы найти главную причину всех бед, давайте обратимся сначала к экономике. Не будем забывать: экономика – это материальная основа нашей жизни, и она наилучшим образом отражает характер наших взаимоотношений, наши цели и то направление, в котором развивается общество.

Сегодня миллиарды долларов расходуются на рекламу, убеждающую нас покупать вещи, без которых можно обойтись. Излишки товаров часто производят только с целью сбить цены, а потом их отправляют на свалку.

Экономика «неразумного потребления» съедает природные ресурсы, создает горы мусора и, наконец, пагубно влияет на человека. Однако она продолжает развиваться, поскольку определённой группе лиц приносит очень большие доходы.

Факторы, которые имеют наибольшее влияние на счастье человека, являются социальные связи – общение в кругу семьи, друзей, волонтерская деятельность. Мы же наблюдаем, как за последние 30 лет нам внушили, что потребление является наивысшим счастьем. Кто от этого выигрывает?

Государства вкладывают средства в решение глобальных проблем в основном в тех случаях, когда это совпадает с национальными интересами и приносит выгоду. Помощь бедным развивающимся странам чаще всего не улучшает их бедственное положение: во многом потому, что миллионы долларов исчезают, так и не достигнув цели, то есть, проще говоря, разворовываются.

Итак, основная причина глобального кризиса вполне очевидна: это наш эгоизм, который достиг небывалых масштабов и проявляется во всех сферах нашей жизни и деятельности. Эгоизм привел нас к противостоянию друг другу и человечества в целом – с Природой, и, конечно, не только потому что мы хищнически потребляем ее богатства. Дело обстоит гораздо серьезнее: человечество противопоставило себя Природе как интегральной системе. В ней оформилось слабое, «неправильное», но весьма агрессивное звено, которое нарушает гомеостаз, равновесие в отдаче и получении в социуме. Незнание этих законов не освобождает нас от ответственности. Непонимание законов общества является основной причиной кризиса!

Мы не понимаем и не можем оценить влияния отношений между людьми на все сферы нашей жизни, мы лишь видим их следствия. Человек не понимает, что законы общества являются такими же законами природы, как и физические.

Проблемы экологии, культуры, воспитания, безопасности являются результатом проявление наших неправильных взаимоотношений. Пока человек не осознает порочность своей эгоистической натуры и не поймет, что во всей природе лишь он один является неисправным элементом, он не сможет измениться. Осознание эгоизма как зла – это первый шаг к переменам.

Мыслящие люди говорят, что нынешний путь развития тупиковый, поскольку привел к кризису. С этим не поспоришь. Основную проблему они видят в эгоистическом мышлении человека. Замечено абсолютно точно. Выход из сложившей ситуации находится во всеобщем объединении. Замечательно. Остается только нерешенным вопрос, а как к этому прийти?

Решение – создать такие ценности в обществе, которое будет культивировать, возвеличивать, повышать важность каждому его члену пользу, выгоду от объединения и солидарности.

Чтобы подготовить и сделать возможным формирование новых общественных и личностных человеческих ценностей, необходимо оказать решительное влияние на СМИ, систему образования и воспитания.

Общество жизненно нуждается в знаниях о:
- природе мира и ее цельности;
- природе кризиса – изначально целенаправленного;
- причине кризиса – заключающейся в эгоцентрическом подходе к жизни;
- преодолении кризиса путем изменения общественного мнения.

Чтобы подготовить и сделать возможным создание новых общественных и личностных человеческих ценностей, политическая, финансовая, деловая элита, известные ученые, писатели, деятели искусства и культуры, журналисты должны проводить долговременную целенаправленную политику по формированию общественного мнения, направленного на поддержку любых действий или даже попытки действий, направленных на изменение отношений между людьми.

Необходимо показать все людям выгоду от реализации изменения отношений между людьми в обществе. На первый взгляд это может показаться красивой идеей, но несколько наивной и непрактичной. Тем не менее, практическая реализация этого принципа дает очень конкретные результаты, как в обществе, так и в экономике.

Во-первых, сам факт обсуждения позитивных общественных ценностей уже создает положительную атмосферу, являющуюся непременным условием любого роста и процветания. В воздухе повеет чем-то новым, и сердце наполнится надеждой на лучшее будущее. В обществе, поощряющем такие ценности, как солидарность, чувство локтя и учет взаимных интересов, постепенно формируется настоящая уверенность в отношениях между людьми. Эта уверенность не зависит от моего личного достояния, а связана с тем, что каждый из нас твердо знает, что он не безразличен другим людям. Только в таком надежном окружении человек может не бояться, что кто-то хочет его использовать или ущемить его интересы.

Во-вторых, если общественность и экономическая пресса будут прославлять не того, кто в этом году заработал больше всех, а того, кто сделал самый большой вклад в общество, человеческие амбиции естественным образом направятся в положительное русло, и будут способствовать общему процветанию.

В-третьих, атмосфера учета взаимных интересов приведет к понижению стоимости жизни.

Решение заключается в изменении шкалы общественных ценностей и в создании системы здоровых отношений между человеком и его ближними, и между государством и его гражданами. Принцип солидарности приведет нас к настоящей социальной справедливости, и поэтому он является залогом стабильности и процветания.

В конце важно напомнить, что все что перечислено выше, хотя и логично, но не сработает! Ведь главное – это наше намерение. Мы люди должны прежде всего осознать, что все эти изменения ценностей, красивые слова о солидарности и любви, все это возможно лишь при четком понимании цели – а для чего мы все это делаем? Для того чтобы спастись и выжить? Для лучшей жизни? Нет – мы это делаем, чтобы соответствовать законам

Природы, ее программе, участвовать осознанно в процессе развития. Также как нам сегодня понятно, что надо соблюдать закон гравитации, вот именно так нам надо относиться к закону гомеостазиса в обществе. Удачи нам!

ВОПРОСЫ ДЛЯ САМОКОНТРОЛЯ

- Перечислите симптомы современного кризиса.
- В чем отличие состояний глобальной связи людей и отсутствия такого вида связи?
- Говорят, что правильный диагноз – половина успеха в лечении. Что необходимо осознать человеку, какой диагноз должен поставить себе каждый из нас?
- Есть законы природы и общественные законы, которые придуманы человеком. Может в их несоответствии и кроется причина постоянных кризисов?
- В чем идеология общества потребления противоречит тенденциям и законам интегрального глобального мира?
- Каков первый шаг в решении современного кризиса?
- Как вы себе представляете жизнь по законам природы или в гармонии с природой?

ЗДОРОВЬЕ В ЭГОИСТИЧЕСКОМ ОБЩЕСТВЕ

Здоровье – одна из важнейших ценностей человека. Недаром говорят: «Тысяча вещей необходимы здоровому человеку и только одна больному – здоровье».

Здоровье по праву следует считать главным богатством человека, так как именно оно создает основу для его благополучия. Трудно оспаривать тот факт, что за последние сто лет медицина добилась огромных успехов, однако человечество не стало здоровее. На смену побежденным болезням приходят другие – не менее, а может быть, и более опасные. Ученые отмечают, что с начала XX века вместе с небывалым ростом медицинских знаний и технологий, в геометрической прогрессии стал расти и уровень заболеваемости.

Почему это происходит? Давайте рассмотрим.

По данным Всемирной организации здравоохранения, оказывается, что состояние здоровья человека только на 10% зависит от медицины, 20% определяется наследственностью. Еще 20% определяются качеством окружающей среды и целых 50% – образом жизни.

О чем говорят эти цифры? Они показывают, что наше здоровье находится в руках общества. *Общество через культуру диктует нам представления о том, что такое здоровье и болезнь и как следует лечиться.* В разных культурах эти представления существенно различаются. Например, в китайской медицине здоровье понимается как состояние баланса и гармонии потоков жизненной энергии. На Западе физические и психические заболевания принято лечить по отдельности. В обществах, ориентированных на индивидуальность, процент депрессий намного выше, нежели в культурах, где коллектив ставится выше отдельного человека.

На наше здоровье влияют традиционные нормы и запреты, которые передаются веками, из поколения в поколение, и указывают, что вредно, а что полезно. Это нормы питания, сексуального поведения, работы и отдыха. Огромное влияние на наше здоровье оказывает система медицинского обслуживания, которая по большей части находится в руках государства, которое, располагает огромными финансовыми ресурсами и организационными возможностями, вводит систему медицинского страхования, предоставляет льготы, берет на себя заботу об инвалидах. Все это, конечно, большие достижения. *Однако сфера здравоохранения не существует сама по себе, в некоем изолированном пространстве. Она является частью общества потребления, нацеленного на получение прибыли. Поэтому меры по оздоровлению населения сочетаются с эгоистическими действиями, которые наносят ему вред.*

«Индустрия здоровья» *в финансовом отношении очень выгодна* – прибыль исчисляется миллиардами долларов, а потому подчиняется жестким законам рынка. Фармацевтическая промышленность, медицинские учреждения, аптеки – в конечном счете заинтересованы в большом количестве не здоровых, а больных людей.

В 80 гг. XX в. только во Франции ежегодно потреблялось около 400 тонн лекарственных препаратов. Это означает, что организм человека вынужден перерабатывать 3 кг 600 грамм медикаментозной химии ежегодно! Поэтому вряд ли могут удивить следующие цифры: в мире примерно 30% пациентов лежат в больницах и лечатся от болезней, вызванных... лекарствами, которые, как известно, всегда имеют побочные эффекты.

Социальное положение очень существенно влияет на здоровье человека. Люди, имеющие высокий социальные статус, в среднем живут дольше и реже обращаются к врачам, чем представители низших социальных слоев. Самые дорогие лекарства, самые сложные операции, услуги самых высококвалифицированных специалистов доступны только богатым. Бедность, безработица, тяжелые условия работы, плохие жилищные условия – все это заметно сказывается на состоянии здоровья.

Как мы помним, от качества окружающей среды зависит 20% здоровья, а это совсем не мало. Загрязненность окружающей среды – общая беда, она сказывается так или иначе на здоровье всех, но все-таки в разной степени. Где-то экология лучше, где-то хуже, а где-то экологическое неблагополучие перерастает в настоящую трагедию. И здесь многое зависит от политики властей, от решений и действий предпринимателей, активности экологических служб, которые отвечают за качество нашей пищи, воды и воздуха, которые, например, могут запретить сливать в реку ядовитые отходы, а могут закрыть на это глаза.

Выводы напрашиваются сами собой. Наше здоровье за исключением наследственности полностью зависит от общества, в котором живет. А *в больном эгоистическом обществе не может быть здоровых людей. Получается, что наш эгоизм и есть основная причина всех болезней.*

ЗДОРОВЬЕ И СОЦИАЛЬНЫЕ ОТНОШЕНИЯ

Современная медицина пытается проследить связи между здоровьем человека и «здоровьем» общества, а также между здоровьем человека и природными процессами. На этом пути уже достигнуты определенные успехи, но полной картины пока нет, целостный подход к здоровью еще не разработан.

По мнению ученых, в 32-40% случаев виновники болезней – вовсе не вирусы и бактерии, а именно стрессы. А стрессы как мы понимаем – следствия от наших испорченных отношений. Причин стрессов очень много. Конфликты в семье и на работе, несчастная любовь, разводы и потеря близких, неудовлетворенность своей жизнью, обществом и своим положением в нем.

Как вы уже знаете, наши желания или потребности – это главный стимул, побуждающий человека действовать. Удовлетворение потребностей приносит нам здоровье. Удовлетворение базовых физических желаний дает ощущение «радости тела», прибавляет сил и, в конечном счете, позволяет нам реализовать другие, более высокие желания. Профессиональные и творческие успехи, общественное признание – каких бы трудов это ни стоило – вознаграждаются ощущением гордости за свою победу, осознанием своего роста и самореализации.

Неудовлетворенные желания, напротив, приводят к нарушению психоэмоционального баланса и как следствие – к психосоматическим заболеваниям. Вечная неудовлетворенность современного человека в погоне за материальными благами, карьерой, известностью переходит в зависть и озлобленность, истощающие душу и тело, а в конце концов – инфаркты и другие психические заболевания.

Сегодня в современном мире есть особый целенаправленный стресс, который охватывает все человечество. Целенаправленный стресс – это глобальное давление со стороны природы, чтобы привести нас к определенной форме взаимоотношений, нормам поведения, новому восприятию мира.

Признаками его являются неопределенность и неуверенность в завтрашнем дне. Современный человек, даже вполне преуспевающий, – поистине несчастное существо, пребывающее в непрерывном страхе перед очередным экономическим кризисом, потерей работы, инфляцией, экологической катастрофой, войной... всего и не перечесть.

Одним из важнейших источников стресса по праву считается *неблагополучие в человеческих отношениях*. Действительно, мы ежедневно так или иначе контактируем с очень большим количеством людей: на улице, в транспорте, в магазинах и офисах, на работе. И каждая встреча, даже самая поверхностная, может вызвать или положительные, или отрицательные эмоции. Злое слово или даже взгляд, говоря метафорически, способны «убить» человека: вызвать глубокую обиду, гнев или боль.

Атмосфера взаимной враждебности – это доминирующая модель социальных отношений в современном обществе. Мы находимся в поле сил, на мои органы чувств постоянно воздействуют силы, которые проявляются в виде разных обстоятельств – вирус, кризисы и так далее В конечном итоге, все помехи, которые человек ощущает на себе приходят к нему через окружение. Они как индикаторы, указывают нам, что пора менять свое отношение к окружению в соответствии с законами природы.

Вы наверняка помните из биологии основной закон живых организмов – закон равновесия. Так во представьте, что он проявляется и в социуме. Можно назвать его законом взаимного поручительства. Все болезни в мире от нарушения равновесия между тем сколько человек получает от общества и сколько отдает или, другими словами, от нарушения связей между людьми.

С точки зрения интегрального подхода, чрезмерно развитый эгоизм сам по себе – болезнь, а точнее – скрытый источник многих недугов, от которых страдает человечество и перед которыми бессильна медицина.

Сегодня самым опасным и коварным врагом человека среди всех живых существ, населяющих планету, являются вирусы. Когда-то наибольшую угрозу для нас представляли крупные хищники. Теперь человек сам стал самым страшным хищником, однако он бессилен перед крошечными вирусами, которые ведут себя как разумные существа. Вирус – это природная программа, фнкция которой коррекции развития человечества. В Природе нет «вредителей», но есть существа, которые выполняют роль «чистильщиков» – роль неприятную, но необходимую.

Нечто подобное происходит сейчас с нами: ведь человек – единственное существо, которое живет и действует в полном противоречии с гармоничными законами Природы. Многие самые тяжелые и распространенные болезни – отражение нашего внутреннего состояния, нашего эгоизма на физическом уровне, и Природа пытается «лечить» больную, неправильно работающую систему – человечество – своими способами, которые, естественно, нам вряд ли могут понравиться.

И самое неприятное – дело вовсе не в том, что тот или иной человек особенно эгоистичен и его «наказывают» за это болезнью. Болезни эгоизма поражают всю систему «человечество», нанося удары и правым, и виноватым. **Только наладив правильные связи друг с другом и с Природой, человечество сумеет восстановить утраченный баланс, а вместе с ним и здоровье.**

ВОПРОСЫ ДЛЯ САМОКОНТРОЛЯ

- Как вы считаете, здоровье человека зависит от общества? Или в большинстве случаев это его личный выбор?
- Обычно люди рассчитывают на заботу государства. Человек платит налоги, поэтому желает получить медицинское обслуживание. Правилен ли такой подход с вашей точки зрение?
- Считаете ли вы, что любой конфликт человека с окружением может вызвать физический недуг?
- Как вы думаете, неудовлетворенные желания могут вызывать стресс и болезни?
- Насколько социальная изоляция влияет на болезни физического тела? Каков механизм, если вы можете объяснить. И наоборот, можно ли предположить, что хорошие связи с другими людьми могут излечивать или предотвратить болезни?
- Как каждый может помочь обществу быть здоровым? Как создать здоровое общество?

ЖИЗНЬ И СМЕРТЬ

Биология – в переводе «учение о жизни». Но эта наука не объясняет, откуда взялась жизнь на Земле. Откуда же взялась жизнь? И что такое жизнь?

Жизнь – форма существования материи, закономерно возникающая при определенных условиях в процессе ее развития. Живые объекты отличаются от неживых обменом веществ, способностью к размножению, к различным формам движения.

Ну, а если не рассматривать жизнь как существование белковой материи, то жизнь – это особая форма сознания. А смерть существует для того, чтобы человек задумался о смысле жизни.

За тысячи лет, которые прошла в своем развитии человеческая цивилизация, на Земле существовало огромное количество всевозможных верований. Удивительно, но факт – что во всех из них в том или ином виде существовала идея жизни после смерти. В различных культурах формы жизни после смерти могут сильно отличаться, однако лежащая в их основе фундаментальная идея остается неизменной: смерть не является абсолютным концом человеческого существования, а жизнь или поток сознания в том или ином виде продолжает существовать после смерти физического тела.

Существует известное латинское изречение – «самое определенное в жизни – смерть, самое неопределенное – ее час». Действительно, человеку не дано знать час своей смерти, и он думает, что это случится в далеком будущем. И по сути – считает себя бессмертным. Человек, покупая лотерейный билет, считает, что обязательно выиграет, хотя шансы 1 из миллиона, а когда выходит на улицу, то никогда не думает, что что-то плохое случится с ним. Причина такого поведения наше эгоцентрическое восприятие мира. Ведь наш эгоизм работает по четкой программе, которая приближает нас к наслаждениям и отдаляет от страданий.

И все же смерть, кажется, чем-то привлекает людей. Ничто так не притягивает их к газетной странице или к экрану телевизора, как сообщения о смерти – особенно когда трагическая смерть постигает множество людей. Похоже, что интерес к ужасам войны, природным катаклизмам, преступлениям или болезням лишь растет. Такой нездоровый интерес людей к смерти выражается в особом всплеске эмоций, когда умирает какой-то видный деятель или знаменитость.

Но мысль о собственной смерти отталкивает. Думать о собственной смерти всегда было и остается чем-то неприятным. Чтобы побороть это чувство и удовлетворить естественное желание жить вечно, люди придумали множество теорий, начиная с учения о бессмертии души до идеи реинкарнации.

Прежде всего смерть показывает нам, что жизнь, нацеленная на приобретение богатства и власти, – бессмысленна.

Мы замалчиваем тему смерти, пытаемся о ней не думать, удержать внимание на других состояниях, вырабатываем очень много защитных мыслей, своеобразных логических ходов, только чтобы обойти эту тему, которая навязчиво вызывает у нас ощущение бесполезности нашего существования. Если все кончается, обрывается смертью, какой смысл всех лет существования до нее? Только чтобы как-то забыться и приятно провести время?

Когда же человек раскрывает истинный смысл жизни его земное существование в течение отпущенных ему лет меняется, обретая совершенно новую окраску, новую ценность, и он поднимается к осознанию своей жизни как человека и на земном своем отрезке времени. Человек не должен бояться смерти. Человек должен бояться жизни, чтобы она была правильно прожитой, со смыслом и целью.

ВОПРОСЫ ДЛЯ САМОКОНТРОЛЯ

- Почему смерть, настолько естественное явление, воспринимается нами так болезненно?
- Согласны ли вы с утверждением, что смерть не является абсолютным концом человеческого существования, а жизнь или поток сознания в том или ином виде продолжает существовать после смерти физического тела?
- Если бы человек знал день своей смерти, то он был лучше мог прожить свою жизнь?
- Есть ли в природе механизм, который регулирует количество людей, определяет кому и когда умереть?
- Думаете ли вы, что можно воспитать людей так, чтобы они не боялись смерти? Каково правильное отношения к смерти? С чего начать, какие этапы можно выделить?
- Можно ли предположить, что смерть существует для того, чтобы человек задумался о смысле жизни?

МАТАМОРФОЗЫ СОВРЕМЕННОЙ СЕМЬИ

Семья является ближайшим окружением человека, с ней связаны самые личные, самые интимные стороны его жизни. И вместе с тем, семья, минимальная общность – главная ячейка общества, его фундамент и опора, так как она помогает поддерживать социальный порядок. Великий китайский философ Конфуций считал, что состояние семьи – индикатор социального здоровья. Разлад в обществе начинается с семьи, и, наоборот, если в семьях все благополучно, то и в обществе царит гармония.

Современная семья переживает очень непростые времена. Как и все общество в целом, она находится в состоянии кризиса. Тем не менее, и сейчас есть счастливые и несчастные семьи, кому-то удается сохранить любовь и согласие, а кому-то нет. Почему так случается? Что здесь зависит от нас самих? И самое главное какие изменения происходят в современных семьях? Но давайте сначала разберемся, а для чего вообще нам нужна семья?

Семья всегда выполняла много важных функций.

Стремление к семейным отношениям дано нам самой Природой.

Брачные пары имеются у многих птиц и животных. Например, мелкие грызуны живут моногамными семьями и отличаются исключительной супружеской верностью.

Моногамные семьи есть и у обезьян. Интересно, что шимпанзе способны к усыновлению чужих детенышей, и приемными родителями становятся не только самки, но и самцы.

РОЖДЕНИЕ И ВОСПИТАНИЕ ДЕТЕЙ

Семья является главной «площадкой», **на которой происходит становление личности ребенка**. В семье дети впервые приобщаются к нормам общественного поведения. Через семью из поколения в поколение передаются культурные и религиозные ценности, знания и навыки.

СОВМЕСТНОЕ ВЕДЕНИЕ ХОЗЯЙСТВА

Семья в наши дни, как правило, уже не является единицей экономического производства, но совместное ведение хозяйства по-прежнему остается одной из главных ее функций.

ЭМОЦИОНАЛЬНАЯ ПОДДЕРЖКА

Для многих людей семья – это основной, жизненно важный источник утешения и душевного комфорта, любви и дружбы, ведь супружество предполагает взаимное доверие, взаимные обязательства и взаимную помощь.

В современной семье на наших глазах происходят большие изменения. Перечислим наиболее важные среди них. По мере развития индустриального общества патриархальная семья стала вытесняться небольшой по размеру «атомарной» семьей, которая включала, как правило, только родителей и их несовершеннолетних детей. Начиная с 60-70 гг. прошлого века начала разрушаться и «атомарная» семья, и на смену ей приходит большое разнообразие форм совместной жизни.

Разнообразие современной семьи. Современную семью не случайно называют «свободной». Все большее количество людей перед браком предпочитают какое-то время просто жить вместе для проверки совместимости. Очень распространен в наши дни «гостевой брак»: когда люди выбирают раздельную жизнь и периодические встречи. Растет число неполных семей и происходит это в основном в результате развода. В современном мире стало много бездетных семей.

Женщины теперь планируют беременность, с учетом других задач: их интересует профессиональный рост, карьера, сохранение своей личной свободы и мобильности. Наконец, особый тип семьи, который появился сравнительно недавно, – это сожительство гомосексуальных женщин и мужчин, а в некоторых странах – их официальный брак. *Таким образом, если раньше существовала всего одна модель семейной жизни, то теперь люди могут выбирать разные модели семьи.*

Так что же происходит с семьей? Многие, глядя на изменения, которые произошли за последние несколько десятилетий, считают, что семья разрушается. И они отчасти правы: постоянный рост числа разводов, нежелание молодых людей вступать в брак, пренебрежение семейными обязанностями... Да, все это – тревожные признаки, причиной которых является рост эгоизма и крайнего индивидуализма.

Соединить свою жизнь с другим человеком, жить в одной квартире, рожать детей, их воспитывать, с утра до вечера думать о них. Ради чего? Какое удовольствие даст мне семья? Такое отношение – это следствие эгоцентрического мышления. Люди не в состоянии удержать себя, и никакие обязательства и клятвы не помогут. Люди сегодня не хотят ощущать себя связанными. Они хотят свободно передвигаться по всему миру, удовлетворять свои сиюминутные желания, не терпят давления и ограничений. Поэтому институт брака невозможно удержать понуканиями. Сегодня человеку необходим какой-то высший идеал, компенсирующий его личную выгоду. Он будет вынужден искать дополнительные, иные цели для создания семьи, кроме как рождение потомства и даже воспитание детей.

Получается драматическая ситуация – с одной стороны наш постоянно развивающийся эгоизм уничтожает институт брака, с другой это противоречит цели природы. Ведь семейная ячейка – это не искусственно созданное объединение, это минимальная, базисная основа для развития связей между людьми. Решение проблемы только в создании окружения, которое поддерживает важность сохранения семьи и работы в ней.

Необходима поддержка со стороны общественных институтов, изменение системы ценностей, которые дадут важность сохранению семь и соответствующее воспитание. Необходимо воспитание со школьных лет, которое даст понимание цели семьи, правильный выбор партнера, способы решения проблем, причины разводов и так далее.

Это вызов и задача всего общества!

ВОПРОСЫ ДЛЯ САМОКОНТРОЛЯ

- Перечислите особенности современной семьи.
- На ком лежит воспитание человека – на семье, школе, работе?
- Чем отличается обязанность родителей и общества в воспитании человека?
- Интересный парадокс, что в семье воспитывают ребенка так, чтобы он стал здоровым эгоистом и получал максимум от общества, а общество – школа, СМИ, искусство, учат быть дающим, альтруистом, считаться со всеми. Получается какой-то диссонанс?
- Как должны распределяться домашние обязанности между членами семьи?
- Какими методами возможно сохранить институт брака?

СУПРУЖЕСКАЯ ЖИЗНЬ

Любовь даже в наше непростое время остается главной причиной, которая побуждает людей вступать в брак или расторгать его. Любовь – стержень семьи, мощная цементирующая ее сила, и если она исчезает, семейная жизнь теряет привлекательность. Но, что такое любовь?

Слово «любовь» универсально и описывает сразу множество сходных эмоций и чувств одним общим понятием. Это конечно вызывает путаницу. Я люблю своего ребенка, работу, песни…какой же скудный язык. Такое разнообразие эмоций и все их мы выражаем одним словом.

Любовь на бытовом, эгоистическом уровне строится на своем благе, но через благо другого. При обычной естественной любви, основанной на половом влечении, человек мало думает о другом, он думает о себе, о том, как ему хорошо, когда объект любви рядом и принадлежит ему. Такая любовь не может быть основой семейных отношений и часто перерастает в ненависть, которая заканчивается разводом.

Как же развить абсолютную, бескорыстную любовь? Как все время находиться в стремлении отдавать и заботиться о любимом? Как можно вообще любить кого то, как мы любим сегодня неосознанно, инстинктивно себя родного? Я постоянно ощущаю, чтобы мне еще заполучить. Смотрите, как вы сидите в самой оптимальной позе из всех возможных в данных обстоятельствах, как вы выбираете в жизни максимальное наслаждение при минимуме затрат энергии. Так мы запрограммированы и так работает каждая клетка нашего тела.

Как нам достичь обратного состояния, когда забота о близком любимом человеке давало бы нам такое же наслаждение, чтобы мы все время автоматически выбирали: как я могу максимально насладить его. Если бы мы естественным образом испытывали бы такие ощущения, то мы бы заботились, а как же иначе? Но тогда бы наша забота и отдача была бы закамуфлированным эгоизмом.

Как нам подняться над тем, чтобы отдача и, как следствие чувство любви к партнеру, была не эгоистической?

Есть несколько принципов.

1. Партнер – это мое зеркало

Прежде всего, мне нужно научиться смотреть на супруга как мать на ребенка, и тогда я увижу его красоту, а не отражение своего эгоизма. Ведь обычно я вижу в нем именно отрицательные свойства, которые в действительности ему не принадлежат, а вызваны моим отношением к нему. Тот эгоизм, который я переношу на своего спутника, он и рисует мне все эти негативные образы. По сути, я работаю над самим собой. А все, что я видел перед собой – служило мне зеркалом, отражавшим мой эгоизм. Ведь в себе самом я ничего не вижу, а только в этом зеркале.

2. Строим в себе новое видение мира

Изучая характеристику наших природных свойств и приобретенных от общества наклонностей, нам понятно, что они так и останутся с нами на всю жизнь неизменными. Поэтому глупо требовать от супруга как-либо менять их. Нам нужно лишь позаботиться о том, как правильно использовать наши свойства. Не ради личной выгоды, а на благо семьи, т.к. от нее зависит мое личное благо. Т.е. необходимо построить связь между членами семьи над личными расчетами посредством постепенных взаимных уступок. Эта связь и назовется любовью. А то, что мы сегодня называем любовью – это можно назвать симпатией, неким взаимным влечением, страстью под влиянием гормонов. Это не то взрослое чувство, которое человек может и должен развивать по отношению к ближнему, независимо от того, что видит все его и свои недостатки. Любовь надо выстраивать взаимными уступками.

3. Выход за границы своего «Я»

Главная причина разводов – презрение и пренебрежение к партнеру. Те из нас, кто ищет малейший повод покритиковать и не привык с уважением реагировать на просьбы партнера, упускают 50% позитивных вещей, которые делают для них, и видят негатив там, где его нет. Злоба и равнодушие означают смерть семейных отношений. Наоборот, доброта, сердечность, нежность и внимательность невероятно усиливают привязанность друг к другу, и с годами она только крепнет. Доброта – самый важный показатель стабильности брака. Конечно, сложнее всего проявлять доброту во время ссор и конфликтов – но это и самое важное время для того, чтобы быть добрым. Когда мы переживаем падение, наша семья должна быть мягкой периной, в которую не страшно упасть. Быть добрым не означает, что мы должны прятать свою злость скорее, доброта подсказывает, как ее лучше выразить. Но для этого, я должен выйти за границы себя, разделить жизнь этого Другого, включить его или ее в свой мир.

Любовь устроена как мышцы – чем больше мы в ней упражняемся, тем она сильнее. Другими словами, над отношениями надо работать, чтобы они всегда были в форме. Но все это останется красивыми словами и лозунгами, если рядом у человека не будет окружения, которое поддерживает важность сохранения семьи и работы в ней.

ВОПРОСЫ ДЛЯ САМОКОНТРОЛЯ

- Правильно ли считать любовью взаимное влечение и симпатию?
- Можно ли сказать, что конфликты укрепляют супружеские связи, а равнодушие разрушает?
- Как вы считаете, интернет-связь способствует укреплению семьи?

- Чего необходимо ожидать от партнера, что правильно ожидать?
- Партнера необходимо выбирать по подобию свойств или же, наоборот, чем более разные люди по характеру, тем единство между ними крепче?
- Почему именно взаимные уступки являются основным принципом укрепления семейных отношений?

РАЗРЫВ ПОКОЛЕНИЙ

Сотни лет дети учились у родителей и это было естественным ходом социализации, если ты –хороший ребенок, ты должен был перенять опыт предков.

Что происходит сейчас? Чтобы стать успешным, человеку необходимо не просто перенять опыт родителей, но и добавить что-то к нему. И родители не могут спокойно расслабиться, им нужно также постоянно учиться. Не все способны постоянно обучаться, и это увеличивает разрыв между поколениями.

Поколением называется совокупность всех людей, живущих в определенный исторический период времени. Психологи считают, что это период около 20 лет.

Поколение можно идентифицировать, если оно соответствует трем критериям:
- люди одного поколения разделяют одну историческую эпоху;
- разделяют определенные модели поведения;
- разделяют совместный коллективный опыт.

В социологии зачастую выделяют поколения по историческим событиям, например Беби-бумеры[2] – рожденные после второй мировой.

Поколение X – люди, которые родились между началом 1960-х и началом 1980-х.

Поколение Y – миллениалы. Люди, которые родились между началом 1980-х и серединой 1990-х.

Поколение Z – родившиеся между серединой 1990-х и серединой 2000-х.

---

2   Беби-бум (англ. baby boom — «взрыв рождаемости») – значительное и устойчивое увеличение рождаемости, имевшее место в середине XX века во многих странах мира.

У всех этих поколений есть особые, присущие только им характеристики.

У животных мы не наблюдаем таких изменений. Нет разницы между обезьянами, которые жили 10.000 лет назад и сейчас.

В древних источниках поколения длились на основе периодов в тысячу или сотни лет, а в современном мире каждые 15 – 20 лет формируется новое поколение со своими ценностями и характеристиками.

Почему вообще существуют поколения? В чем отличие между ними? Чем обусловлено такое разнообразие? Давайте разберем эти вопросы.

Самый большой разрыв наблюдается между поколениями миллениалов (которые родились между началом 1980-х и серединой 1990-х) и их родителями. Его определяют как «цифровой разрыв», имеется в виду использование интернета, мобильных телефонов и социальных сетей.

Людям старшего поколения тяжелее освоить новое, и этому есть причины – память не та, толерантность падает, с возрастом проявляется консервативные взгляды, то есть – за молодежью не угнаться. В результате, взрослые утрачивают свой авторитет в глазах детей. То, что они знают и умеют, в глазах юного поколения оказывается совершенно излишним, никому не нужным. А дети миллениалы значительно превосходят взрослых в умении пользоваться достижениями информационной революции.

Но все же суть конфликта поколений заключается в том, что родители не воспринимают детей как равноправных партнеров, отказывая им в правах или отказывая им в обязанностях.

Еще один центр конфликта между поколениями – это вопрос свободы норм и ценностей предыдущих поколений.

Человек сути меняется не сильно, он остается с теми же базовыми потребностями, проблемами, которые были тысячу лет назад. Как сотни и тысячи лет человек любил, так и продолжит любить, как чувствовал, так и продолжит чувствовать. Если его не кормить, он будет просить есть, если он увидит рядом объект своей мечты, он влюбится. Какие же внутренние изменения происходят? И как их последствие увеличивают разрыв между поколениями?

Во-первых, это постоянный рост эгоизма, а во-вторых – это глобализация, рост взаимозависимости между людьми и понимания того факта, что моя жизнь полностью зависит от окружения. Эти два фактора стремительно меняются за последние годы, а поэтому и разрыв между поколениями увеличился.

Мы живем в эпоху нестерпимого конфликта между необходимостью в связях с другими людьми с одной стороны, и потребностью в независимости – с другой. По сути, увеличилась разница в отношении к этим ценностям.

Современное поколение одновременно объединяет в себе черты толерантности и радикализма, открытости информационному влиянию и стремления сформировать свою собственную ценность, ощущение свободы под давлением зависимости от быстрых ритмов современной жизни.

Именно сочетание этих противоположных качеств и отличает поколения. Каждое поколение несет свои особые ценности.

И последнее поколение имеет уже новое мышление, новую внутреннюю программу, новое отношение к миру. Самое главное, что они уже осознали никчемность и ограниченность прошлых ценностей. Речь идет о своего рода психологическом перевороте, который, возможно, пока еще трудно представить, заметить. Речь идет о новых связях, которые строятся на четком понимании законов равновесия в природе: сколько мне необходимо получать от общества и сколько отдавать. Речь идет прежде всего об отношениях, а не о физических действиях. Это новая ценность. Она заложена в новом поколении самой Природой.

И, конечно же, эта способность передана нам по наследству от наших предков, которые создали общество, основанное на эгоистических ценностях, привели нас, своих детей, через отрицательный опыт, к осознанию порочности такого мышления и подхода к жизни. И именно это осознание является сутью в разрыве, пропасти между поколениями.

ВОПРОСЫ ДЛЯ САМОКОНТРОЛЯ

- Какие внутренние изменения в людях увеличивают разрыв между поколениями?
- Существуют места, где одновременно работают люди 4-х поколений. Как можно найти общий язык со всеми?
- Какую функцию старшее поколение имеет по отношению к молодежи?
- Согласны ли вы с таким утверждением, что каждое последующее поколение более приспособлено к жизни?
- Какие универсальные ценности необходимы, чтобы не было пропасти между поколениями?

КОНЕЦ ОБЩЕСТВА ПОТРЕБЛЕНИЯ

Эпидемия не просто уложила на лопатки мировую экономику. Намного важнее то, что она наглядно выявила базовые изъяны потребительского общества и возвестила о его близящейся кончине. Десятки лет нам вколачивали в мозги: «Чем больше вы потребляете, тем вы круче». Но внезапно свет рампы погас, и в краткие мгновения системного перезапуска мы увидели там, за декорациями, совсем другое послание: «Чем больше вы потребляете, тем ближе конец разгулья».

Закат потребительства закономерен и неизбежен. Он обусловлен сменой эпох, поколений, сменой самой парадигмы человеческого развития. Он веление времени. Вот реальные причины, по которым обществу потребления приходит конец.

1. Дефицит доверия

Доверие – необходимая составляющая любых отношений, дух любых законов и договоров. В условиях нескончаемой конкуренции доверие становится дефицитом. Как следствие, мир погрязает в конфликтах, и любые союзы становятся меркантильными, а потому временными. И, как ни печально, отсюда открывается путь к Большой войне. Она-то уж точно положит конец безудержному потреблению, но лучше все-таки не доводить дело до крайностей.

2. Загрязнение окружающей среды

Здесь всё просто и на редкость безрадостно: потребительское отношение к природе заложено у человека в крови. Начав осваивать технологии, мы за каких-то 100-150 лет «изнасиловали» планету так, что теперь любая ее реакция не будет чрезмерной. И она реагирует – усиливающимися климатическими дисбалансами, бедствиями и катаклизмами.

Но эта реакция не на отходы нашей жизнедеятельности, а именно на наше потребительское отношение, на саму суть наших социальных связей. Человек, мнящий себя царем природы, ведет себя по отношению к ней как варвар и грабитель – потому что именно такие «ценности» проповедует общество, какими бы сказками оно нас ни кормило. А значит, только изменив общество, мы сможем изменить экологию.

3. Ограниченные природные ресурсы

Мы берем у природы намного больше необходимого. Большинство наших технологий в любых областях – будь то нефтедобыча или сельское хозяйство – убыточны для ресурсов планеты. Она кормит нас, своих детей, но наши глотки распахиваются всё шире, нам всего мало, и сбалансированная экономика – последнее, о чем мы думаем.

Снова наше естество оказывается сильнее здравого смысла. Мы будем делать деньги на нефти, пока она сохраняет рентабельность. Мы будем вырубать деревья, пока это выгодно. В эгоистической экономике возобновляемые источники энергии и бережное отношение к природным ресурсам могут служить «отдушинами», но не трендом. Нам необходимы технологические инновации, однако если вместе с ними не изменится поведение людей, все инновации будут бессмысленны.

4. Растущее неравенство

В нынешний период глобальной эпидемии проблема неравенства обретает остроту. Дело в том, что карантинные меры намного сильнее бьют по малообеспеченным слоям, тогда как обеспеченная часть общества, в среднем, страдает намного меньше, а то и обогащается. В современном мире капиталы при любых условиях концентрируются в руках немногих. Дальнейшее вполне предсказуемо: если неравенство продолжит расти, как и раньше, – в конечном счете, произойдет война.

5. Неопределенность

Когда будущее туманно, человек осторожнее расходует средства. Но если люди не готовы либо не могут тратить деньги как прежде, то систему рано или поздно настигнет коллапс – ведь она, наоборот, рассчитана на «потребительский оптимизм». Это называется эффектом «богатства». Если человек оптимист и уверен в будущем, то он и больше тратит в настоящем и наоборот. Уверенность в будущем становится несбыточной мечтой, а потребительство теряет почву под ногами.

6. Развитие технологий

Технологии призваны облегчать и обогащать нашу жизнь. Однако в XXI веке они ведут к социальному расслоению и массовой безработице. Вот уже несколько лет нам обещают исчезновение огромного числа профессий. Порой кажется, что просто пугают, но нет – скорее заранее приучают к мысли, чтобы потом нам легче было принять неотвратимое. Однажды роботы оставят без дела огромное количество людей.

7. Смена внутренних приоритетов

На рубеже тысячелетий обозначились кардинальные психологические изменения, указывающие на слом тренда потребительства. Родилось новое поколение. Оно не считает пиком мечтаний приобретение часов Cartier или автомобиля Lamborghini. Поколение миллениалов вынуждено жить по старым правилам, но утратило вкус к игре. Миллениалам нужно меньше вещей, они не готовы «работать только за деньги», их девиз «Налегке». Нет, они вовсе не ленивы, просто они другие. Ими движет другой комплекс желаний, на которые потребительство не в силах ответить по существу. И всё это возвещает большие перемены.

Старое сначала умирает в умах и душах, а потом уже – в социально-экономических отношениях. Мы живем в тот период, когда идеалы личного конкурентного роста уже не дееспособны. Природа вынуждает нас взаимодействовать и сотрудничать. У нас еще есть время научиться этому в спокойной обстановке. Но чем дольше мы медлим, тем более жесткими будут системные отклики на наше бездействие.

Неразумное потребление заведомо обречено на провал. И если нас пока не пугают экологические катастрофы, то, как показала последняя эпидемия коронавируса, у Природы много средств в арсенале, чтобы укротить наш аппетит.

И все-таки нам лучше осознанно и заранее перестроить экономические отношения. Так мы сможем предотвратить множество проблем. Многомиллионная армия безработных уже сейчас представляет большую угрозу для общества. Масса недовольных озлобленных людей, лишенных естественного права на труд и ведущих полунищенское существование, – это постоянный очаг протеста, который может выливаться в страшные формы.

Современное общество не в состоянии обеспечить безработным нормальную полноценную жизнь. И речь идет не только о материальном достатке, но и о том, чтобы люди были чем-то заняты и ощущали себя нужными обществу.

Эту и другие проблемы можно решить, сформировав экономику «разумного потребления». Но для этого прежде всего необходимо изменить общество – поменять ценности, отношение к потреблению, к труду и к смыслу жизни.

Создание такого общества не подразумевает механическую «уравниловку». Исторический опыт убедительно показал, что этот путь ожидаемых результатов не дает. Однако избыточная роскошь и сверхпотребление – все это постепенно исчезнет, по мере того как будут меняться запросы людей, их приоритеты, потребности и жизненные цели.

Мы привыкли считать, что «трудиться», «работать» – значит производить нечто материальное, вещи или продукты. Понятие «труд», очевидно, придется переосмыслить. Современным работающим людям некогда жить, они живут «на бегу. А ведь силы можно потратить на другие занятия, ценность которых давно забыта: на совершенствование самих себя, на различные общественно-полезные работы, наконец, просто на создание хорошего настроения у окружающих. Все эти занятия – тоже работа, очень важная, потому что она направлена на создание и поддержание правильных, гармоничных связей в обществе, и совсем не легкая, требующая от человека знаний, определенных навыков и больших усилий.

Необходимо постоянно поддерживать баланс между теми, кто производит все необходимое для жизни, и теми, кто создает столь же необходимую «правильную», хорошую атмосферу, окружение, проводит обучение, формирует новую культуру.

ВОПРОСЫ ДЛЯ САМОКОНТРОЛЯ

- Почему идеология общества потребления разрушительна для самого общества?
- Перечислите причины, по которым обществу потребления приходит конец?
- Почему экономический кризис – это кризис взаимоотношений между людьми?
- На каких принципах основана экономика разумного потребления?

СУТЬ РАБОТЫ В НАШЕЙ ЖИЗНИ

Хотя мы часто считаем работу неприятной, тяжелой обязанностью и с нетерпением ждем отпуска или мечтаем о пенсии, тем не менее работа играет гораздо более важную роль в нашей жизни, чем может показаться.

Что дает нам работа, помимо денег – главного источника существования? Социологи и психологи утверждают, что очень многое.

- Прежде всего, именно на работе мы можем проявить творческую активность.
- Благодаря работе завязываются дружеские отношения.
- Работа вносит в нашу жизнь разнообразие, отвлекает от повседневных домашних дел и личных проблем.
- Работа структурирует время, дисциплинирует нас, создает четкий ритм в нашей жизни.
- Любая работа, даже не самая интересная и перспективная, повышает самооценку человека.

Мы проводим на работе большую часть нашей жизни, и многие ее стороны так или иначе связаны с работой. Вот почему люди, оставшиеся без работы, часто чувствуют себя потерянными, ощущают скуку и апатию, теряют уверенность в себе и в своей социальной значимости.

Но было ли так всегда?

Труд начинался как действия по обеспечению достаточного и необходимого для жизни человека и его семьи. Потом это стало работой и получением вознаграждения за усилия в материальном выражении. На протяжении истории менялась сама суть работы. Сначала люди трудились для необходимого, потом их заставляли, потом они сами просились на работу.

Интересно, что 80% людей не любят свою работу. Мы часами работаем, чтобы купить ненужные нам вещи, чтобы произвести впечатление на людей, до которых нам нет дела! И все же мы это делаем. Почему? Что нас больше всего мотивирует в работе? Зарплата, карьера, интересные задачи, хорошее окружение? Давайте рассмотрим источники мотивации с помощью притчи.

В пустыне путник встречает человека, катящего тяжелый камень, и спрашивает:
– Что ты делаешь?
– Не видишь, толкаю камень, мучаюсь.
Другого такого же встречает:
– Что ты делаешь?
– Зарабатываю в поте лица на свою семью.
Третьего встречает наш путник и задает ему тот же вопрос. Тот улыбается и говорит:
– Я строю Храм.

Во всех этих случаях выполняется та же работа, но мотивация разная.

Мотивация всегда зависит от уровня желаний в человеке. Пока наши первичные потребности не закрыты, бесполезно воздействовать на другие мотивы. Но как только эти потребности реализуются, они перестанут быть актуальными. Тогда на первый план выходит коллектив, моральное поощрение и самореализация.

Лучший способ повысить мотивацию – это постоянная система образования и воспитания, чтобы человек сам осознал необходимость стать полезным элементом в обществе. Как следствие такого воспитания, человек сам будет выбирать работу в зависимости от того, где он принесет максимальную пользу обществу.

Человеку необходимо работать даже если он имеет средства к существованию, ведь работа, помимо роли средства самообеспечения, должна быть прежде всего средством связи с другими людьми. Человек должен работать, чтобы быть частью общества, а не для того, чтобы зарабатывать. То есть работа является средством включения в человеческое общежитие.

Но это лишь одна сторона медали. А может и вовсе не надо работать, чтобы выстраивать дружеские связи? И что делать с растущей безработицей? Ведь сегодня мы переживаем очень большие перемены и, вероятно, время «трудового общества» истекает. Почти треть населения Земли оказались под угрозой потери работы или перехода на неполную занятость. Конечно, это не означает, что работать больше не нужно, но труд – в том виде, в каком он существует сейчас, – уже не будет занимать центральное место в жизни человека и общества. Скорее всего, производственной деятельностью и управлением будет занята лишь небольшая часть общества – около 20%. Остальное население будет работать неполный день или останется без работы вообще.

Конечно, дело не только в техническом прогрессе, освобождающем человека от труда. Есть и другая, гораздо более важная причина. Современная экономика, рассчитанная на сверхпотребление, явно доживает свои последние дни. Коронавирус как катализатор помогает ускорить этот процесс.

В новой реальности измениться и сущность работы. Люди будут заняты построением отношений, дружеских связей. Это будет основной продукт их деятельности. А мотивацией будет служить признание общества. Похоже на обитание в «райском саду»? На самом деле это насущное веление природы, у нас просто нет выбора, нам придется смириться и уравновесить свой «аппетит» потребления, привести его в соответствие с тенденциями развития природы.

ВОПРОСЫ ДЛЯ САМОКОНТРОЛЯ

- Как менялась суть работы на протяжении истории?
- В чем различия между понятиями труд и работа?

- Согласны ли вы с таким утверждением, что человек должен работать, чтобы быть частью общества, то есть работа является средством связи между людьми?
- В истории были государства, где безделье и тунеядство наказывались законом. Вы считаете это правильно?
- Должен ли человек работать, если у него есть средства к существованию?
- Может ли сам процесс труда являться целью?
- Что должно мотивировать человека в его работе? Какая самая высокая на ваш взгляд мотивация?

АЛЬТЕРНАТИВА КРИЗИСУ – ИНТЕГРАЛЬНОЕ ОБРАЗОВАНИЕ

Человечество вступило в глобальную эпоху и должно соответствовать законам глобальной замкнутой системы. Законы эти не зависят от решений правительств – в чем мы успели убедиться за время проявления коронавируса, – и понимать их необходимо каждому. Ведь отныне все связано со всем.

В таких условиях обществу просто необходим ликбез по всеобщей взаимосвязи. Иначе не видать нам не только процветания, но даже стабильности. ООН каждую неделю грозит миру новой катастрофой. Голод стоит на пороге и стучится в двери миллионов людей. А в 2020 году добавилась ещё и пандемия. В 2020 году к осени от голода умерли более 7 млн человек. Более 800 млн не имеют доступа к достаточному количеству качественной пищи. Около 2 млрд в зоне риска (при этом более 2 млрд на планете страдают от избыточного веса).

В Америке и Европе фермеры уничтожают свою продукцию, потому что из-за пандемии снизился объём заказов от кафе и ресторанов. Казалось бы, надо просто раздать продукты голодающим, но осуществить это гораздо дороже, чем уничтожить. Если же раздавать продукты бесплатно где-то поближе, то это обрушит цены, а рынок – это святое. Люди могут умирать от голода, но рынок надо спасти – такова логика капитализма. А где же тысячи организаций, которые получают деньги, чтобы организовывать гуманитарную доставку? И это только маленький пример эгоистического общества, которое полностью противоположно альтруистическим законам природы.

Ключ к успеху лежит в равновесии с природой, в соответствии ее интегральным механизмам. А для этого требуется учеба. Людям нужно иметь хотя бы общее представление о реальном мире, в котором они живут.

Это тем более важно, если учитывать растущую безработицу, ведь мир уже не вернется к прежнему формату. Не все предприниматели восстановят бизнес, не все уволенные найдут себе рабочие места, а отсутствие занятости грозит серьезными социальными проблемами.

Курсы интегрального взаимодействия, которые начнут обеспечивать общество набором инструментов для жизни в период постпотребительства, являются необходимым выбором.

Это станет оптимальным ответом на требования людей, оставшихся без источника дохода. Мало просто платить им пособие, – человек должен реализовывать себя в обществе и получать удовлетворение. Что же послужит ему компенсацией? Что наполнит его жизнь? Здесь требуется качественно иное наполнение, которое и станет плодом совместной учебы на интегральных курсах.

По сути, люди будут учиться правильному объединению, представляющему общее, глобальное решение проблем человечества, так же как разобщающий нас сегодня эгоизм является их общим источником. И учеба эта будет считаться работой, за которую человек получает зарплату. Он вовсе не безработный, он зарабатывает деньги своим участием в работе по обновлению общества. И он производит важнейший социальный продукт, ценность которого постепенно признают все.

Такое обучение полезно во всех смыслах. Благодаря конструктивному, системному знакомству с интегральным миром человек будет испытывать меньше внутренних стрессов, ощутит уверенность в сегодняшнем и завтрашнем дне. Само собой, это улучшит его здоровье, сбалансирует и обогатит отношения в семье. Вся жизнь приобретет новое «звучание», новый смысл, новые возможности и новые перспективы.

Итогом первого этапа этой учебной программы станет диплом интегрального, примерного гражданина. Только не придирайтесь к словам, назовите как хотите – суть в том, что человек знает, как быть гражданином, неотъемлемой частью дружного интегрального общества. Он принимает это общество внутренне и вносит в него свою лепту на деле. Проще говоря, общество для него – это семья.

Такие изменения, разумеется, невозможно навязать сверху принудительными методами. Это можно только воспитать, вырастить в людях. Ведь речь идет о смене внутренней парадигмы – мы переводим запросы из материального русла в человеческое. Базовые нужды остаются и полностью удовлетворяются, но всё, что сверх того, приобретает иную суть. И ощущается это не как самоограничение, а как переход на другие источники наслаждения.

Только таким может быть наше общее доброе будущее. Это не просто «рацпредложение», не просто облегчение кризисной ситуации, но единственный выход из нее. Скорей бы мы это поняли!

ВОПРОСЫ ДЛЯ САМОКОНТРОЛЯ

- Какие процессы в современном обществе вызывают необходимость в обучении интегральному взаимодействию?
- Может ли учеба на благо общества приносить удовлетворение человеку, ощущение собственной социальной значимости?
- Может ли изменение парадигмы взаимодействия в обществе быть спущено сверху принудительным методом? Почему?
- На ваш взгляд, какие навыки будут востребованы в новом меняющемся мире?

Часть 2
КОММУНИКАТИВНЫЕ НАВЫКИ

ТЕМЫ КУРСА

- Законы природы и законы общества.
- Любовь как закон природы.
- Сущность человеческих отношений.
- Внутренний мир человека.
- Моральные принципы и социальные нормы.
- Межкультурная коммуникация.
- Трудности в коммуникации.
- Средства массовой коммуникации.
- Виртуальные сообщества.
- Социальная дистанция.
- Искусство слушать.
- Публичные выступления.
- Мудрость толпы и групповые эффекты.
- Принципы равенства, свободы и единства в отношениях.

ЗАКОНЫ ПРИРОДЫ И ЗАКОНЫ ОБЩЕСТВА

Вся жизнь строится на объединении. После Big Bang начался период большого объединения и появилась Вселенная. Вообще ученые говорят, что партнерство, тенденция устанавливать связи и сотрудничать – одна из величайших отличительных черт нашей жизни.

Но природу не стоит рассматривать как идеальную организацию и образец для общественных систем. То есть кооперация и сотрудничество достойны восхищения, однако способы естественного развития отнюдь не идеальны, конкуренция среди людей понятиям довольна жестока. И все же нам необходимо брать примеры у природы для развития общества.

Начнем с того, что природа развивает разнообразие среди людей, иначе мы бы пришли к взаимному нивелированию. Вот именно соединение противоположных людей – это один из основных законов коммуникации. В обществе нужны и слабые, и сильные, и умные, и глупые. Раньше мы неверно думали, что выживает сильнейший. Это не верно. Выживает тот, кто умеет сотрудничать.

Мы наблюдаем строгую детерминированность законов физики, химии и биологии. Например, все системы организма поддерживают гомеостаз в устойчивом состоянии относительно окружающей среды. Существует обмен информацией и обратная связь между всеми органами тела. А что, если предположить, что на таких же принципах мы должны строить социальные отношения. Мы в нашем развитии уже перепробовали все общественно-экономические формации. Но мы еще не экспериментировали с таким **принципом как взаимное поручительство, а ведь это основной закон всех живых организмов.**

Есть такой закон в природе – общее и частное равны. Он означает, что, изучая частное, я могу изучить общее. Если я постигаю что-то общее, я так же могу вникнуть в каждую из его частей. Наш разум не в состоянии осознать, что часть равна целому, это даже не выгодно, ведь тогда каждой части придется брать ответственность за остальные. Речь идет о похожести микро- и макромиров (10-ти мерная теория струн и 10-ти мерная модель конечной вселенной). Фрактальные закономерности в физике, химии и биологии объясняют интересный феномен: достаточно десяти человек, чтобы научиться правильной коммуникации. О том, что фрактальность свойственна не только геометрии, но и социальным и духовно-культурным явлениям, написано во многих древних источниках.

ЗАКОН МИНИМАЛЬНОГО ОСНОВАНИЯ

Для осуществления коммуникации необходимо соблюдать правила приема и передачи информации. То есть законы отдачи и законы получения. С точки зрения общества закон получения означает, что каждый член общества обязывается получать все необходимое ему от общества. Потому что второе условие – он должен отдавать обществу. Речь идет о внутреннем расчете, о моем намерении, кому и с какой выгодой я отдаю. Необходимость в поддержании баланса обязывает каждого члена общества к альтруистической деятельности. Если какой-либо индивид не подчиняется этому принципу жизни, тем самым он нарушает равновесие.

Во всех существах, кроме человека, заложена программа соблюдения равновесия. Лишь мы, люди, лишены подобной программы действий. Как следствие, мы не знаем какие законы должны быть в социуме. Отсутствие программы равновесия привело к тому, что наше развитие движется в эгоистическом направлении, то есть у нас перекос в стороны «получения».

За исключением нас, ни одно другое создание природы не способно относиться к окружающим с намерением причинять им вред, грабить и использовать их. Ни одно создание не может удовлетворяться притеснением окружающих и наслаждаться их страданиями. Только Homo sapiens умеет извлекать удовольствие из мук другого. Таким образом, человеческий эгоизм – это единственная в мире разрушительная сила.

Но благодаря ей мы развивались и поэтому вся мудрость в том, чтобы найти способ, позволяющий разумно использовать силу эгоизма. От человека в процессе его развития требуется правильно и гармонично скомпоновать все присущие ему свойства, параметры и тенденции, поставив их на службу развитию. Природа требует от нас идеальной коммуникации, где каждый работает в максимальной отдаче и получает необходимое.

ВОПРОСЫ ДЛЯ САМОКОНТРОЛЯ

- Чему можно научиться у природы?
- Как проявляется гомеостаз в социуме?
- В чем причина отсутствия равновесия в обществе?
- Какова суть законов отдачи и получения в обществе?

ЛЮБОВЬ КАК ЗАКОН ПРИРОДЫ

Любовь – это самое сильное чувство, которое возникает при связи с другими людьми. Конечно, есть много видов любви, и мы разберем основные из них, кроме любви между полами, об этом в следующий раз.

Альтруистическая сила любви является первичной и наиболее важной, поскольку именно в ней заключено творческое созидательное начало, «энергия сотворения». Эта сила формирует мироздание и придает ему качества системности.

Слово «любовь» универсально и описывает сразу множество сходных эмоций и чувств одним общим понятием. Это конечно вызывает путаницу. Я люблю своего ребенка, работу, песни… Какой же скудный язык! Такое разнообразие эмоций, и все их мы выражаем одним словом.

Есть и другое деление – по намерению. Любовь на бытовом, эгоистическом уровне, т.е. человеческая, естественная любовь, которая строится на своем благе, но через благо другого. При обычной человеческой любви человек мало думает о другом, он думает о себе, о том, как ему хорошо, когда объект любви рядом и принадлежит ему.

Существует в природе и любовь подлинная, абсолютная, когда человек заботится о другом, а не о себе. Когда человек «перемещает» себя в другого и живет его желаниями. Большинство социологов считают, что достичь абсолютной любви могут лишь избранные. Это серьезная трансформация нашего сознания, которая невозможна без внешнего вмешательства. Ведь речь идет о божественной, бескорыстной любви или, другими словами, любви к свойству отдачи.

Как можно вообще устремиться к свойству отдачи и любить его так, как мы любим сегодня неосознанно, инстинктивно получать, ощущать в себе? Мы постоянно сканируем, чтобы бы еще заполучить. Смотрите, как каждый сидит в самой оптимальной позе из всех возможных в данных обстоятельствах, как выбирает в жизни максимальное наслаждение при минимуме затрат энергии. Так мы запрограммированы, и так работает каждая клетка нашего тела.

Как нам достичь обратного состояния, когда «свойство отдачи» давало бы нам такое же наслаждение, какое сейчас дает получение, чтобы у нас все время было побуждение выбирать: как я могу максимально отдать, как я могу максимально насладить? Если бы мы естественным образом испытывали бы такие ощущения в отдаче, то мы бы отдавали, а как же иначе? Но тогда бы наша отдача была бы ради получения. То есть это был бы закамуфлированный, бытовой эгоизм. Люди многое в жизни отдают для того, чтобы приобрести наслаждение. Мы постоянно зарабатываем для того, чтобы обменять потом наш труд, наше усилие на какие-то наслаждения, наполнения, удобства.

Как нам подняться над тем, чтобы отдача и, как следствие, чувство любви, была не эгоистической?

Мы не можем отнести чувство любви к неживому, растительному и животному уровню. Соединение молекул, работа клеток ради всего организма и даже разнообразные чувств животных нельзя назвать любовью, так как они обусловлены генами, законами, инстинктами. Только там, где есть свобода выбора, там, где надо осознанно подняться над своей эгоистической природой, где нет ни малейшей выгоды для себя можно говорить о любви.

Можно провести тест на абсолютную любовь. Это точка концентрации нашего внимания: «Где я ощущаю свое наслаждение – во мне или в другом? Пытаюсь ли я своими действиями вызвать в нем наслаждение и ощутить, как он наслаждается, и от этого радоваться, и от этого наполняться?». Все это довольно просто проверяется, ведь себялюбие – это наше природное свойство, и его всегда можно измерить и сравнить с отношением к ближнему. Ведь не зря еще тысячи лет назад мудрецами сказано, что возлюбить ближнего надо как себя.

Принято считать, что от любви до ненависти один шаг. И это действительно так! Почему же такие разные и сильные эмоции находятся так близко к друг другу?

Ученые говорят, что эти два противоположных чувства объединяет важность к объекту чувств, а важность порождает зависимость и страх. Человек постоянно думает об объекте своей любви. С ненавистью та же ситуация, только мысли деструктивного свойства. Значит любовь и ненависть так похожи, что легко переходят друг в друга. Чем сильнее любовь, чем сильнее привязанность, тем сильнее страх и тем больше страдание и все это в секунды может перерасти в ненависть.

Кстати, верно и обратное утверждение. Сильная ненависть сродни любви. Любовь и ненависть могут проявляться в человеке одновременно, т.е. любовь должна покрывать ненависть. То есть вопреки естественному отторжению, ты стараешься проявлять по отношению к этому человеку любовь, и таким образом сближаешься с ним. Это очень тонкие и острые ощущения, когда совсем чужой человек ощущается мной как часть меня. Эта трансформация в моем отношении к ближнему. Она происходит постепенно, по принципу от легкого к тяжелому, от близких мне людей до всего человечества. При этом мое эгоистическое отторжение никуда не исчезает, оно просто прикрыто моим альтруистическим свойством, которое я сам осознанно приобрел. И самое главное, что я взамен не ожидаю от него какого-то обратного действия. Можно много об этом говорить, но лучше один раз почувствовать.

ВОПРОСЫ ДЛЯ САМОКОНТРОЛЯ

- Какие виды любви существуют?
- В чем суть абсолютной любви?

- Объясните корень явления, описанного в известной фразе: «от любви до ненависти – один шаг»?
- Необходима ли любовь к себе, чтобы любить ближнего?
- В чем суть беспричинной ненависти?

СУЩНОСТЬ ЧЕЛОВЕЧЕСКИХ ОТНОШЕНИЙ

Суть человеческих отношений заключается в возникновении общего состояния, которое сопровождается переживаниями. В каждом из нас формируется совершенно новое чувство – чувство восприятия другого. Человеческие отношения основываются на общении людей и взаимном обмене информацией, связях между индивидуумами. Соответственно, для их развития и поддержания первостепенную важность имеют средства общения.

Любые отношения подразумевают обмен идеями, мыслями, намерениями, чувствами, информацией. Только в общении происходит взаимный обмен деятельностью, интересами, чувствами, а также формируется и самоопределяется человек, обнаруживая свои индивидуальные особенности.

В неживой природе это процессы колебания, в растительной – запахи, животные передают эмоции звуками. А у человека, кроме речи, существует еще уникальная способность абстрактно мыслить. Ученые говорят, что именно это делает его человеком. Такая возможность появилась у нас для того, чтобы мы могли передавать особый вид информации, который в нашем мире обычными методами не передается.

Допустим, животные и растения могут издавать какие-то запахи, звуки, сообщать друг другу об опасности или какую-то другую информацию. А человек может сесть и несколько часов подряд рассказывать вещи, которые он никогда не видел и не ощущал. Например, какие-то мифы, фантазии, абстрактные явления, которые не имеют ничего общего с реальностью. По мере своего развития появляются новые формы связи – рисунки, музыка, письменность. Все это выводит людей на уровень коммуникации вне рамок времени.

Главной сутью человеческих отношений считается контакт между человеком и природой. Основной принцип связи человека и природы очень простой: человек должен привести себя к сближению с ней по свойствам. Это означает, что нам необходимо уравновесить в себе две противоположные силы – эгоизм и альтруизм, плюс и минус, получение и отдачу, добро и зло. В природе эти силы находятся в гомеостазе. Если мы правильно настроим себя на ощущение природы, тогда раскроем секреты и ощутим ее положительное воздействие. Весь этот процесс происходит в социуме, между людьми, там мы выстраивает правильные связи. В этом вся суть человеческих отношений.

Процесс взаимосвязи начинается с семьи. Это не искусственно созданная организация, а природная ячейка. Это окружение человека, которое позволяет ему, насколько возможно правильно, нормально, комфортно существовать в нашем мире. Семья – это мини модель общества, где мы учимся правильной коммуникации для того, чтобы эти навыки применить в будущем ко всему человечеству.

В течение жизни человек встречает множество людей. Сегодня за неделю он может встретить гораздо больше, чем 100 лет назад за всю жизнь. Что дают эти контакты? Иногда случайные, одноразовые. Мы сталкиваемся между собой якобы произвольно. Но это не так.

Мы все находимся в сети и связаны меду собой, и встреча с каждым элементом из этой сети несет в себе какую-то информацию для меня, и мне необходимо выдать ответную реакцию на контакт.

В Гарварде на протяжении 75 лет проводилось исследование, в котором участвовали более 700 человек. Ученые пытались выяснить главный фактор счастья в жизни людей. Оказалось, что это – отношения между людьми.

Получается, что, с одной стороны, мы очень хотим быть счастливыми, понимаем, что самый важный фактор в нашей жизни – это отношения. Интересно, что мы вкладываем огромные деньги в медицину, уделяем много времени здоровому образу жизни, хотя понимаем, что решающий фактор даже для здоровья человека – отношения между людьми.

И все равно, есть в нас что-то, что мешает нам «по-человечески» относиться друг к другу. Даже понимая выгоду, мы не в состоянии этого сделать. Так устроено самой природой с целью нашего дальнейшего развития. Именно наш эгоизм подталкивает нас к борьбе, к противоречиям. И все это ради того, чтобы выяснить, кто мы, что мы, для чего мы. Чтобы, осознав никчемность нашей эгоистической сущности, мы захотели осознанно измениться.

В этом суть наших отношений, разочаровавшись в модели эгоистических связей мы сможем осознанно выйти на более качественную форму коммуникации. Так же как когда-то миллиарды лет назад клетки должны были по-настоящему слиться в единый организм, отказаться от своей клеточной индивидуальности, также и мы люди, должны чувственно, мысленно и идейно сплотиться не смотря на все разногласия и все наше разнообразие. Только в таком состоянии мы будем по-настоящему счастливы.

ВОПРОСЫ ДЛЯ САМОКОНТРОЛЯ

- На чем основаны человеческие отношения?
- Какова связь человека с природой?
- Что нам мешает «по-человечески» относится друг к другу?
- К какому типу отношений нам в итоге необходимо прийти?

ВНУТРЕННИЙ МИР ЧЕЛОВЕКА

Внутренним миром человека являются его внутренние переживания, мысли, чувства, эмоции. Именно они делают каждого человека индивидуальным, определяют его характер.

Эмоция – это подсознательная реакция на какую-либо ситуацию. Страх, раздражение, гнев, агрессия, смех... Все они возникают быстро, часто за доли секунды вследствие какой-либо ситуации и также быстро угасают.

Чувства – возникают медленно, живут долго и дают совсем другие ощущения. Давайте рассмотрим несколько примеров.

Большинству из нас знакомо чувство зависти. Неприятное ощущение, вызванное реакцией раздражения на успехи и благополучие других людей. Стоит отметить, что это чувство сопровождает человека везде и всегда. Это особый вид коммуникации между людьми, который показывает, что рядом есть еще кто то, находящийся в лучшем состоянии, чем я. Из сравнения между этими двумя состояниями и возникает чувство зависти. В то же время зависть является элементом развития.

Сказано мудрецами: «Зависть умножает мудрость». Когда я смотрю на мудрецов, моя зависть к ним толкает меня к познанию, чтобы стать подобным им. Главное – дать чувству зависти правильный вектор, тогда она будет развивать нас, а не разрушать.

Тема «уважения-неуважения» очень давняя. Все мы помним изречения: «Ты меня уважаешь?», «Надо вернуть к себе былое уважение», «Боится – значит уважает».

Почему нам так важно, чтобы нас уважали? Для счастья в жизни уважение окружающих важнее денег! Все наши отношения строятся на получении общественного одобрения.

Уважение – это положительное чувство. Но иногда уважение и почет могут ограничивать человека в его развитии. Требуя чисто эгоистически от других уважения, человек замыкается в себе. В таком случае уважение очень разрушительно и даже губительно для развития человека. Ведь хорошие отзывы и комплименты успокаивают человека, лишают его самокритики и сглаживают осознание зла собственной эгоистической природы. Иногда, конечно, неплохо слышать о себе положительные отзывы, но, также очень важно развивать самоконтроль и сильное окружение, которое в любом моменте сможет дать четкую индикацию человеку.

Страх – очень сильная эмоция. Это природный инстинкт, его основой является самосохранение. Невозможно избавиться от страха, разве что отключить разум. Нам всегда чего-то недостает и это вызывает у нас страх. Ведь человек не может сам удовлетворить свои потребности. Но это может сделать общество. Значит, только через связь с обществом можно избавиться от страха. Общество может дать человеку такую уверенность и поддержку, что страх до определенной степени исчезнет. Когда за меня поручаются другие люди, то у меня пропадает страх. Самому же человеку очень трудно это сделать, только при применении особой техники, и только в ограниченном виде.

Радость – одна из основных положительных эмоций человека, внутреннее чувство удовлетворения, удовольствия и счастья. Язык чувств очень беден, поэтому словом «радость» мы выражаем очень много разных состояний: радость от просмотренного фильма, от хорошей работы, от единства с друзьями.

Радость всегда можно добавить, ее никогда не бывает достаточно. Ведь радость – это чувство наполнения, но когда наши желания наполнены, то мы начинаем ощущать пустоту.

И здесь есть патент. Надо разделить само чувство радости и объект, от которого ты его ощущаешь. Допустим, если ты ощущаешь радость от достижений своего ребенка, который постоянно развивается, то у тебя эта радость не исчезает. А если ты радуешься каким-то своим успехам, то это чувство очень быстро уходит.

Иными словами, когда радость ощущается от внешнего источника, тогда она может быть длительной, практически бесконечной.

Чувства можно развивать, ими можно управлять – это осознанный процесс, а вот с эмоциями посложнее, они возникают как неосознанная реакция при взаимодействии с другими людьми. Все наши желания проявляются как чувства и работают по программе: получай максимальное наслаждение и избегай страданий. Управлять чувствами – это значит подняться над ними. Просто нивелировать их невозможно.

А вот разум помогает обработать чувственную информацию, т.е. понять выгоду от чувств. Весь наш разум работает только на сравнении чувств и эмоций, но по четко заданной программе – найти выгоду или наполнение для желаний. Чем больше развит человек, тем более он разумен в их наполнении. Поэтому желания и их проявления – чувства, – первичны, а разум вторичен.

Одним из самых главных научных вопросов человечества, считается вопрос: «Что такое сознание? Просто говоря, сознание – это представления человека о мире. При более сложном описании можно сказать, что есть фотоны, частицы света, которые проникают в наш мозг и в виде волн передают информацию о мире. Можно сказать, что есть общее поле информации и, в зависимости от того, как наш мозг реагирует на воздействие этого поля, возникает ощущение сознания в отдельном человеке. Окружение во всем формирует сознание. Возможность сформировать себя сводится к поиску подходящего окружения.

В заключении хотим упомянуть о намерении. Это самая скрытая часть в человеке, даже от него самого. Это направленность сознания, мыслей и действий на какую-то цель. Намерения – это наши внутренние мотивации. Все люди рождаются с намерением получать удовольствия ради себя. Это наша суть. В течении жизни, работая над собой мы приобретаем альтруистические намерения. Вся наша жизнь заключается в расчете «ради кого?»... Ради себя или ради других?

Мы всегда делаем расчет, который связан с личной выгодой. Если это касается основных желаний, связанных с самосохранением, то это естественно. На более высоких уровнях желаний наши эгоистические намерения получать выгоду за счет других уже требуют коррекции.

Вот так непрост наш внутренний мир. И если биологическое тело функционирует без нашего вмешательства, то для правильной коммуникации с другими людьми нам все же придется изучить себя.

ВОПРОСЫ ДЛЯ САМОКОНТРОЛЯ

- Что включает в себя внутренний мир человека?
- Почему зависть является элементом нашего развития?
- Можно ли научить человека уважать других?
- Какова суть страха?
- Что первично: разум или чувства?
- Как можно изменить внутреннюю мотивацию?

МОРАЛЬНЫЕ ПРИНЦИПЫ И СОЦИАЛЬНЫЕ НОРМЫ

Мораль – один из способов регулирования поведения людей в обществе. Невозможно представить себе коммуникацию между людьми, если бы мы не соблюдали каких-то моральных принципов и социальных норм. Соблюдение требований морали обеспечивается общественным мнением, внутренним убеждением и совестью человека.

Точно не установлено, когда нравственные законы прочно вошли в человеческое общество. В литературе уже в одной из притч царя Соломона описана четкая система применения норм морали. Конфуций призывал современников быть человеколюбивыми и милосердными. Пифагор, Сократ и Платон также поднимали вопросы морали. Есть множество информации о социальных нормах древнего Вавилона.

Источниками норм морали могут выступить традиция, авторитет, общественное мнение или сам человек. Нам не важен источник происхождения той или иной нормы. Ведь мы, люди, постоянно развиваемся, и это определяет наше поведение и социальные отношения. Так что мораль является следствием нашего исторического развития. А как известно в основе нашего развития лежит постоянно растущий эгоизм. Соответственно источником всех моральных норм является разумный эгоизм, убеждение в том, что прежде всего нужно действовать в своих собственных интересах.

Социальные нормы можно разделить на несколько видов. Есть правила поведения, например, уступить место пожилому человеку в общественном транспорте. Правовые нормы, обязательно выражены в законах и всегда записаны. Пример: запрет курения в общественном месте или обязанность каждого человека не причинять вред памятники истории и культуры. Конечно же существуют религиозные, политические и эстетические нормы.

Подлинно моральной норма становится только тогда, когда содержащееся в ней требование осознается самим человеком как внутреннее веление самому себе, как субъективная необходимость. До этого ничего не сможет удержать нас даже от самоуничтожения. В нашем эгоизме нет сдерживающего механизма, и поэтому никакие нормы поведения не помогут, они лишь регламентирует поведение индивида, вынуждая учитывать потребности окружающих людей.

В отличие от простых обычаев и привычек (празднование дня рождения, свадьбы, проводы в армию), моральные нормы не просто выполняются вследствие заведенного общепринятого порядка, а находят идейное обоснование в представлениях человека.

В основу формулирования моральных норм положены реальные принципы, идеалы, понятия о добре и зле, о дружбе и братстве, действующие в обществе. И все же отличие норм от законов в том, что они постоянно меняются в зависимости от нашего развития, чего нельзя сказать о законах природы, которые неизменны. Поэтому моральные нормы рассчитаны на добровольное осознанное исполнение. Они вне закона и соблюдаются лишь по желанию людей.

Каким образом возможно поднять человека до уровня, когда он увидит, что выполнение этих моральных норм, само приводит его к получению награды или выгоды?

Человеческое общество постоянно трансформируется, вместе с ним изменяются и моральные нормы. То, что некоторое время назад считалось недопустимым, теперь может не вызывать порицания. Например, на смену шовинизму и расизму приходят толерантность, терпимое отношение к сексуальным и национальным меньшинствам, если раньше развод считался чем-то постыдным, то сегодня это не осуждается, ты становишься свободным, независимым.

На формирование моральных принципов оказывают большое влияние религия, духовные учения, культура, воспитание, личные убеждения каждого индивида. Придерживаясь нравственных норм, человек не позволит себе опуститься до состояния дикого животного, удержит свои инстинкты в неких рамках, принятых в данном обществе. И хотя нарушение моральных норм не приносит за собой материальных наказаний, человек сам решает, следовать им или нет. Люди должны осознавать, что поступают правильно не из-за возможного наказания, а из-за награды, что появится в результате в виде гармонии и всеобщего достатка. Такое поведение возможно только лишь при длительном правильном воспитании.

Существует общемировой моральный кодекс и в нем семь правил и моделей поведения. Это помощь семье, помощь своей общине, взаимность, храбрость, уважение, справедливость и права собственности. Эти семь правил ни в одной культуре не воспринимались как негативные.

Кроме того, универсальный моральный кодекс порицает противоположные модели поведения: предательство своей группы, пренебрежительное отношение к родственникам, отсутствие взаимопомощи, трусость, неуважение, несправедливость и воровство.

Парадоксально, но все эти правила исходят лишь из одного закона – закона живого организма, закона взаимного поручительства. Это закон нашей правильной связи. Ведь нам не надо писать книгу для матери о том, как любить своего младенца. Природа вызывает в ней естественные чувства связи с ним и, как следствие, мы видим особое отношение к ребенку, она всегда настроена на него.

Если бы можно было такую же силу любви добыть из той же природы, то нам не надо было бы выдумывать все эти законы, которые регулируют наши отношения.

Ученые говорят, что такое качество можно воспитать в человеке, если показать ему выгоду и цель, ради которой он захочет поступиться своим естественным эгоизмом.

Для развития любого нравственного качества применяются следующие средства воспитания – беседы, лекции, диспуты, круглые столы по этическим проблемам.

Этика общения предлагает такие нравственные нормы и принципы как приоритет общественных интересов перед личными; ответственность и безвозмездная забота о нуждающихся; равенство сторон, участвующих в общении, вне зависимости от пола, возраста, социального положения.

Таким образом, моральные и нравственные принципы общения основаны на взаимопомощи и взаимодоверии. Но почему в жизни, в общении люди так редко используем эти принципы? Смотрите сколько об этом написано, мы даже в школе изучаем этику и все религии построены на этих принципах, даже запугивают людей наказаниями, но это ничего не меняет.

Все моральные нормы и принципы существует только для того, чтобы как-то смягчить эгоизм, приукрасить его, скрыть. Это лишь отдаляет нас от его исправления и правильного применения. В наше время несостоятельность таких практик раскрывается во всей своей полноте, и мы видим всю ничтожность таких попыток. Но ведь без норм поведения общество не может существовать. Все бы поубивали друг друга. Хотя, с другой стороны, животные ведь живут без норм?

Человечеству необходим какой-то высший идеал. Но мы видим в религиях, что Бог, как высший идеал не сработал, у атеистов убежденность в самодостаточности естественных законов природы тоже хромает, что же тогда сработает? Это остается вопросом. Возможно, сам поиск приведет нас к решению.

ВОПРОСЫ ДЛЯ САМОКОНТРОЛЯ

- Что является источником нравственных норм?
- На чем должны основываться моральные нормы?
- Каковы основные функции морали?
- Возможно ли такое состояние общества, когда эгоистическое поведение будет считаться аморальным?

МЕЖКУЛЬТУРНАЯ КОММУНИКАЦИЯ

Термин «мультикультурализм» предполагает обмен идеологиями, взаимосвязь культур, экономик. Мультикультурность – это интеграция без ассимиляции. Это значит, что в одном государстве могут свободно сосуществовать разные культуры, конфессии, языки, образуя общество, в котором каждый человек может жить так, как ему удобно. В экономическом аспекте мультикультурализм, даже если его успех подтверждается отсутствием беспорядков в обществе, – дорогое удовольствие, для содержания которого необходимы значительные финансовые инвестиции. Несмотря на этот факт мы культивируем эту идеологию, ведь разнообразие это одна из тенденций развития природы.

Мультикультурализм не есть саморазвивающийся феномен, для его формирования и развития необходима политическая воля и поддержка. Получается, что люди сами по себе не могут объединиться над своими различиями – нужны государственные законы и воспитание. Именно воспитание и образование освобождают человека от чувства ненависти, расизма, ксенофобии. Есть множество плюсов в таком обществе:
- иммигранты – источник знаний и квалифицированной рабочей силы,
- новые вкусы и стили,
- возможность узнать разные языки и страны, религии и традиции;
- возможность выбрать другую культуру;
- способствует ликвидации расовой дискриминации.

Несмотря на преимущества мультикультурного общества сегодня во многих европейских странах возникла другая крайность. Люди в повседневной жизни вынуждены следить за каждым словом, чтобы их не обвинили в «нетолерантности», «сексизме», «расизме». Всем понятно, что ненависть существует, но внешне – есть нормы, даже законы, которые помогают соблюдать их.

Задача политкорректности – предотвратить использование выражений, намекающих на дискриминацию и, конечно же, это должно способствовать сближению между людьми. А вот противники, наоборот, рассматривают это как лицемерие, ханжество, извращение реальности и удар по свободе слова. Доведенная до абсурда политкорректность и защита одной категории людей может привести к кардинально противоположному результату. Защищаемая малая группа людей начинает чувствовать себя выше закона, ощущает вседозволенность и даже, в худшем случае, устраивает беспорядки по всей стране.

Вот несколько примеров абсурдной политкорректности!
- «Белый» искусственный интеллект может усугубить расовое неравенство. Машины имеют определенную расовую идентичность, что закрепляет расовые стереотипы и предубеждения «реального мира». Поиск в интернете показал, что обычно «неабстрактный» искусственный интеллект либо имел европейские черты, либо был белого цвета.
- Создатели американского мультсериала «Симпсоны» заявили, что запретят белым актерам озвучивать небелых персонажей.
- Сиднейская радиостанция Australian Broadcasting Corporation (ABC) уличила шахматы в расизме – ведь по правилам белые ходят первыми.
- В Голливуде меняются правила в пользу расового многообразия.
- Встречается крайняя точка зрения, которой придерживаются некоторые немногочисленные движения, согласно которой для преподавания в определенных

этнических группах следует привлекать только лиц, относящихся к тем же группам.

Все эти перегибы не позволяют поставить правильный диагноз и назначить лечение – иными словами, тормозят развитие общества. Кроме того, мы наблюдаем, что общие экономические, культурные и научные интересы разных наций не могут стать основой для развития социальной солидарности. Даже глобальные угрозы: космические, климатические, пандемии и пр. не могут быть подлинной основой для всеобщего объединения человечества. В чем же причина?

Каждый из нас родился с разными задатками, в разных семьях. Мы получили разное образование, воспитание, по-разному воспринимаем мир, по-разному относимся к нему, каждый из нас по-своему ощущает себя. В нашем организме тоже все органы разные, и функционируют по-разному, но есть общая цель, ради которой они работают – и эта цель называется жизнь. Как нам, людям, понять, поверить, что если мы начнем взаимодействовать, то сможем улучшить нашу жизнь?

Необходимо объяснить широкой аудитории, что различия между народами не являются препятствием для формирования единого человечества. Речь идет о внутреннем сближении, об улучшении связей и отношений. Может нам не хватает осознания выгоды от такого сближения?

Вся ошибка в том, что нас никогда не учили сближаться друг с другом. Каждому дают свободу и считают, что так люди сами найдут правильный способ коммуникации. А это неверно.

У природы есть только один путь сближения – подъем человека над своей эгоистической природой, предпочтение связи с другими, выше своего эгоизма. Только такая связь, лишенная фальши, восполнит все различия между нами и водворит мир. Этому надо обучать. Не изменив природу человека, невозможно ничего решить. К этому мы сегодня подходим. Мы обязаны понять природу человека, иначе нам не выжить.

ВОПРОСЫ ДЛЯ САМОКОНТРОЛЯ

- Каковы преимущества мультикультурного общества?
- Как не перегнуть с политкорректностью? Кто должен установить границы?
- Могут ли глобальные угрозы быть подлинной основой для всеобщего объединения человечества?

ТРУДНОСТИ КОММУНИКАЦИИ

Существует очень много трудностей в нашей коммуникации – ксенофобия, расизм, шовинизм и другие явления, которые мешают нам объединяться. Они всегда были, просто сегодня во времена демократии и развития СМИ эти явления получили платформу для раскрытия.

Непонимание между людьми является самой большой проблемой в наших связях. При непонимании люди просто не могут установить контакт. Иногда человек просто не понимает модели общения. Ведь в разных ситуациях нужно общаться по-разному – с начальником мы общаемся одним образом, с подчиненными другим.

В каждом коллективе существует множество правил общения. Они являются одним из факторов, которые определяют кто свой, а кто чужой. Например, есть вещи, которые не принято рассказывать о себе. Если человек нарушает какую-то важную норму, то другие люди сразу понимают: «Он не нашего круга», «дикарь» и т д.

Непонимание ценностей может стать большой проблемой в общении. Одни могут шутить на такие темы, от которых других «выворачивает». Это может прервать общение между людьми.

Одной из трудностей в общении является страх выразить свои мысли и эмоции, ведь человек не знает, как отреагирует другой. Есть боязнь быть отвергнутым или осмеянным.

Люди могут не захотеть общаться из-за того, что имеют о человеке какую-то порочащую его информацию.

Все это внешние факторы, а сейчас поговорим о более внутренних помехах, возникающих в общении.

Ксенофобия – нетерпимость к людям, которые чем-то отличаются: другим цветом кожи, лишним весом и прочим. За этим стоят механизмы защиты организма от контакта с иными людьми, которых наш мозг определяет их как «чужие».

Конечно, все слышали о законе подобия свойств. Подобное притягивается подобным. В нашей жизни нет случайных встречных. Мы привлекаем к себе не тех людей, которых хотим привлечь, а тех, кто подобен нам. Но, срабатывает узкий эгоизм человека, его защита, его инстинкты самосохранения, когда он видит, что главное – быть соединенным с себе подобными, тогда я буду сильнее. Он не понимает, что сила природы именно в разнообразии, а не в однобокости. Этому необходимо обучать. Это длительный образовательный процесс.

Кроме ксенофобии, конечно же проблемой в коммуникации может быть расизм. Существует представление, что человечество не состоит из раздельных четко определенных биологически различных групп, а что раса является воображаемой категорией или социальной конструкцией. Все люди принадлежат к одним и тем же человеческим существам, поэтому нет смысла говорить о расах.

Другие утверждают, что расизм заложен в человеческом мозге. Есть участки мозга, которые различают, к какой этнической группе относится человек, то есть в течении доли секунды наш мозг определяет, кто чужой, а кто свой. Поэтому люди, даже не являющиеся расистами, могут проявлять расистские наклонности не осознавая этого.

Вообще, по мере нашего развития, ненависть между людьми постоянно возрастает. И это является основной трудностью в построении коммуникации. В чем причина? Кому это выгодно? Если смотреть на внешние причины ненависти, то можно выделить несколько – это расслоение общества на более богатых и бедных, искусственное смешивание разных рас в одном месте проживания без предварительной подготовки, военные конфликты разных стран.

Внутренняя причина – наша эгоистическая природа. Мы так устроены, что наслаждаемся своим превосходством над другими, таким образом мы ощущаем себя выше. Поэтому мы наблюдаем множество форм эгоизма: расизм, сексизм, антисемитизм, гомофобия и так далее.

Существует ряд решений по устранению всех этих явлений, которые нам мешают сблизиться. Существует юридическая деятельность, когда есть четкий закон, поддерживающийся государством, есть образовательные программы, активность со стороны гражданского общества. Тратятся огромные деньги на программы по борьбе с расизмом, но, к сожалению, это не помогает избавиться от всех явлений, которые мешают нам в коммуникации.

Возможно, ответ, как всегда, лежит в другой плоскости? Может, не надо пытаться стереть все различия, а необходимо подняться над ними? То есть должно быть что-то в нашей жизни, что выше, важнее всех фобий. Если бы мы только могли увидеть выгоду от правильных связей, тогда все трудности в коммуникации исчезли бы, вернее, они бы остались, но у нас была бы энергия противостоять им.

Важное показать человечеству, что разнообразие идет ему на пользу. Ведь нашему глазу приятно наблюдать за разнообразием неживой и растительной природы. Нам же не приходит в голову истребить какой-то вид деревьев только потому, что у них листья не зеленого цвета. Так что все зависит от воспитания и образования.

ВОПРОСЫ ДЛЯ САМОКОНТРОЛЯ

- Перечислите причины, по которым людям тяжело установить связи.
- Что является причиной ксенофобии?
- Является ли расовое неприятие генно-обусловленным явлением или только проблемой воспитания?

- Сохранится ли расовое деление в будущем или в результате межрасовых браков человечество станет монорасовым?
- В чём корень разделения на политической основе в одном народе?
- Какие знания помогут человеку преодолеть трудности в коммуникации с «чужими»?

СРЕДСТВА МАССОВОЙ КОММУНИКАЦИИ

Развитие человечества тесно связано с порождением и видоизменением информации. На различных материальных носителях (наскальная живопись, древние папирусы, пергаменты, летописи, произведения искусства всех времен) запечатлена, по сути, вся информация о развитии человеческого общества.

Со временем количество информации возрастает, поэтому существующих средств коммуникации для обмена ею стало недостаточно. Так возникли средства массовой информации с их каналами массового распространения. Современный человек живет в «потоке» информации. Средства массовой коммуникации — газета, телевидение, радио, книги, устная речь, интернет — не только информируют нас о новых событиях, но и оказывают влияние на наши поступки, формируют наше восприятие мира. СМИ являются частью средств массовой коммуникации. У них есть организационная база и периодичность выпуска информации.

СМИ зачастую преднамеренно преподносят искаженную информацию, манипулируя общественным сознанием. В аудиторию поступают уже готовые схемы и алгоритмы поведения, которые формируют не только общественное мнение, но и новые ценности.

Понимая, что СМИ лоббируются со стороны госструктур и частных лиц, можно справедливо задать вопрос, а кому же должны принадлежать СМИ, чтобы хоть как-то оставаться нейтральными? Как достичь объективной подачи информации в СМИ? Мы обязаны понять, что пока не избавимся от нашего бытового эгоизма, пока личная выгода будет важнее, чем интересы общества, у нас всегда будет проблема с получением нейтральной информации.

СМИ являются усилителем процессов в обществе. Сегодня нет локальных событий, любое происшествие сразу же становится достоянием всех. Конечно, все зависит от количества денег, которые вкладываются, чтобы подогреть то или иное событие. СМИ можно назвать зеркалом развития общества со всеми его пороками.

Очень важно разделять СМК (средства массовой коммуникации) и СМИ. У СМК основная задача – выстроить правильную коммуникацию между людьми. Это длительный воспитательный процесс. СМИ должны давать лишь информацию в ее нейтральном виде без искажений и комментариев. Этим должны заниматься особые люди, которые получили специальную подготовку, чтобы правильно связывать, сближать людей. Ни в коем случае нельзя подпускать к СМК неисправленных в своем эгоизме людей. Где взять других? Мы писали о всеобщей природе эгоизма Ведь от них зависит развитие общества, наше будущее окружение.

Мы сегодня живем в мире лжи, но было бы неправильно обвинять СМИ во всех грехах. Ведь они всего лишь обслуживают массы, то есть нас с вами. А мы не хотим знать правду. Ученые доказали, что человек хочет услышать информацию, которая подтверждает его собственные представления, его мнения, его восприятия. Эгоизм не хочет меняться, получается, что СМИ вынуждены лгать, иначе у них не будет покупать никто информацию. Что делать в такой ситуации? Получается замкнутый круг. Придется ждать, пока появятся нейтральные СМИ, или потребности людей изменятся, и они будут готовы к принятию истины, даже если она будет горькой.

СМИ никогда не являются просто переносчиками информации, а всегда накладывают свой отпечаток на восприятие этой информации.

Первая особенность СМИ – выбрать из бесконечного количества информации ту, которая будет интересна большинству. Отбор информации происходит через призму редакционной политики и личного восприятия корреспондента. Добавьте еще к этому фейк ньюс, которые являются большой проблемой нашего информационного века. И хотя любой здоровый мозг имеет защитную систему от лживой информации, так как это опасно для организма, все же «развитое» человечество придумало обходы природной защиты – «фейк». Основа фейка – правдивая информационная оболочка, содержащая внутри себя ложь, например 60% на 40% как соотношение правды и лжи.

После обхода защитной системы мозга внедренный информационный фейк начинает перестраивать внутреннюю когнитивную картину мира человека. В этом случае человек начинает принимать решения и действовать согласно новой программе. Он начинает конструировать окружающую реальность согласно своим новым представлениям о ней.

Как же можно противостоять этому явлению? Специалисты рекомендуют проверить автора, развивать критическое мышление, анализ собственных эмоций, но это советы полезны для единиц, а что происходит с массами, как обычному человеку защищаться от фейков? Встает вопрос, а может ли быть у современного человека «свое мнение», или все, что мы думаем – это компиляция чужих мнений? Не думаю, что у кого-то есть ответ, ведь пока не изменится человек, пока не поднимется над личными расчетами, пока не поймет тенденции развития в Природе, пока не осознает все зло своей эгоистической натуры, ничего не изменится.

Есть еще интересный момент – в наше время формат СМИ сильно проигрывают стремительно развивающимся возможностям социальных сетей. Если раньше были государственные СМИ, которые формировали общество, то сейчас тысячи и миллионы людей становятся источниками информации и без всякой цензуры и каких-либо высоких нравов выдают информацию и формируют общественное мнение. На них смотрят миллионы людей и все это бесконтрольно. К чему это ведет? Что поможет человеку не захлебнуться во всеобщем потоке информации?

Когда-то всё зависело от одного человека – царя, допустим. А сегодня мы приближаемся к такому состоянию, когда каждый человек представляет собой источник информации и влияния на все человечество. В итоге все мы вместе создадим одну единую платформу.

Представьте, что у каждого есть свое мнение, которое он хочет донести другим, влиять на других, и нам придется научится, учитывая мнение всех, каким-то образом объединиться ради общего блага, общей цели. Вы скажите, что это не реально, но ведь на примере нашего организма мы наблюдаем, что это возможно. Как такие разные органы и системы могут работать ради общей цели, ради жизни всего тела. Да, это миллионы лет эволюции, но ведь мы люди разумные, посредством воспитания, ответственность за которое возьмут на себя СМК, мы все же выстроим правильную связь между собой.

ВОПРОСЫ ДЛЯ САМОКОНТРОЛЯ

- Какова основная функция СМИ?
- Кому должны принадлежать СМИ, чтобы оставаться нейтральными?
- СМИ должны воспитывать или лишь доносить информацию в чистом виде?
- Что помогает человеку не захлебнуться во всеобщем потоке информации?
- Кто кого обслуживает: СМИ – массы, или, наоборот, массы заказывают СМИ?
- Каково будущее СМИ?

ВИРТУАЛЬНЫЕ СООБЩЕСТВА

На сегодняшний день интернет является неисчерпаемым источником общения. Все чаще образуются виртуальные сообщества, которые характеризуются отсутствием ограничений по языкам, анонимностью, добровольностью, общностью целей и интересов.

Есть два основных принципа виртуальных сообществ. Первый – свободная горизонтальная связь, где каждый может общаться с каждым без посредника. Второй – возможность для каждого найти какое-то «собственное место», стать совсем другим человеком, не таким, как в реальности.

В сообществах есть два типа участия: активное и периферийное. Активное участие означает, что члены регулярно вносят вклад в сообщество. Периферийное участие означает, что члены читают то, что пишут активные участники сообщества, тем самым извлекая что-то для себя, но они ничего не вносят в сообщество.

Общение в группе (по интересам), игры, обсуждение и комментарии фотографий и новостей, личное общение – всё это доступно в любом виртуальном сообществе. Пользователи стремятся рассказать о событиях своей жизни, поделиться радостью и горем, высказать своё мнение о разных вопросах. Эмоции и чувства – важнейшая составляющая существования человека, а их выражение – одна из целей общения.

В силу письменного характера общения основная масса средств выражения эмоций имеет здесь графическое выражение. В интернет-общении, как и в любой письменной коммуникации, невозможно или затруднительно использовать невербальные способы выражения эмоций (интонацию, мимику, жесты), что компенсируется другими языковыми средствами: эмотиконами и «лайками». В публичной коммуникации многих пользователей, например, в комментариях к фотографиям, смайлы являются не просто основным, а порой единственным средством выражения эмоций.

Выразить свою мысль или эмоцию словами становится всё сложнее, это требует усилий, времени и старания. Многих, кроме того, стесняет орфографическая малограмотность. И добавьте еще сюда, что сегодня человек за день находится в связи с таким количеством людей, которое ранее не встречал за всю жизнь.

Таким образом, с одной стороны интернет позволяет человеку действовать как бы издали, физически не находясь в обществе, и заводить поверхностные контакты, по-настоящему не сближаясь ни с кем. Взаимодействие с окружающими, по большей части, обезличено. Люди для нас превратились в «поставщиков и получателей услуг». Такие отношения обычно бывают «холодными», лишенными личного, теплого отношения. С другой стороны, виртуальные сообщества позволяют выражать свои чувства и дарить их другим.

К сожалению, в большинстве случаев эти связи несут нам отрицательные эмоции, и даже разъединяют нас. Но это естественно, ведь наша эгоистическая природа не меняется, а даже наоборот, отсутствие ограничений в виртуальной реальности только усугубляет ситуацию. Мы все больше наблюдаем проявление социального неравенства, манипуляцию людьми со стороны владельцев виртуальных платформ, рост фейк ньюз. Все это конечно же не соответствует тем идеалам, на которых строились виртуальные сообщества.

Но это все запрограммированный процесс развития.

Все системы проходят какой-то эволюционный процесс. Вначале всегда есть процесс отторжения, разделения, затем осознание зла нашей эгоистической природы. Виртуальные сообщества ускоряют процессы осознания нашей эгоистической природы и таким образом помогают быстрее продвинуться к следующему состоянию, к объединению, но уже на более высоком уровне.

В будущем виртуальная связь станет другого качества. Она будет лишь основой для развития чувственных, внутренних связей, которые все равно не передашь через вербальное или физическое общение. Мы должны наладить контакт сердец, мыслей, и таким образом воспринимать и впечатляться друг от друга. Подобно тому, как коронавирус быстро распространился и парализовал старый мир, еще быстрее может распространяться новое мышление, благодаря которому воцарится мир между нашими сердцами.

ВОПРОСЫ ДЛЯ САМОКОНТРОЛЯ

- На каких принципах построено виртуальное сообщество?
- Достаточно ли виртуальной связи для развития человека как личности?
- Как вы считаете, что мы утратили, когда перестали общаться, смотря друг другу в глаза?
- Как и кем должно управляться виртуальное сообщество?
- Сегодня человек за день находится в связи с таким количеством людей, которое ранее не встречал за всю жизнь. Что дает нам такая возможность?
- Какими вы себе представляете виртуальные сообщества будущего?

СОЦИАЛЬНАЯ ДИСТАНЦИЯ

Вселенная началась с сингулярности – состояния, в котором вся материя и энергия были сжаты в одну точку. После этого она все время расширяется. Мы наблюдаем как люди в нашем мире расходятся по всей Земле, также и внутренне мы отдаляемся один от другого, каждый человек – это целый мир, а между нами – бесконечность. Да, это так! Социологи придумали лет сто назад термин – социальная дистанция. Это мера готовности или неготовности людей разных рас и сословий взаимодействовать друг с другом – ходить по одной улице, работать в одном помещении, соседствовать в одном доме, жить в одной семье.

Достигли ли мы конечной точки социальной дистанции или будем продолжать отдаляться один от другого?

Здесь наблюдаются две тенденции. С одной стороны наш эгоизм постоянно растет и разделяет нас. С другой стороны, природа вынуждает к абсолютному объединению и интеграции всех людей. Основной биологической единицей является индивидуальный организм, а основной психологической единицей – группа. Именно общество делает из нас человека.

Как бы мы не отдалялись друг от друга, природа, наоборот, вынуждает нас сближаться. Да, это сближение экономическое, географическое, информационное, и пока мы не осознаем, что сближение должно быть сердечное, чувственное. Ведь каждый раз, когда природа объединяла элементы, этим она рождала новые формы жизни. Поэтому социальная дистанция будет сокращаться. Мы будем чувствовать необходимость в сближении, ведь именно от него зависит комфортность нашей жизни, безопасность и здоровье людей, предотвращение всевозможных эпидемий и проблем.

Интеграция людей – процесс длительный и отличается у разных народов. В середине прошлого века антропологи ввели понятие контактных и неконтактных культур. Есть такие культуры в Азии или Южной Европе, которые намного ближе к тактильным взаимодействиям, и есть более «холодные» народы, к ним можно отнести Северную Америку и Европу.

Например, ученые подсчитали, что пара, сидящая за столиком в ресторане в Париже, за час совершает 110 взаимных прикосновений. А, допустим, в Лондоне – ни одного. Конечно же такое явление не означает близость между людьми. Не стоит думать, что есть какие-то народы, которые ближе к объединению. Каждый должен приложить усилия по сближению, поднимаясь не только над своим эгоизмом, но и над привычками, традициями и культурой. Главное, чтобы было общее понимание цели: для чего нам объединяться, каков будет результат такого взаимодействия?

Сокращение дистанции между людьми характеризуют следующие черты: радость, постоянный диалог, единение и настрой друг на друга.

Однако чрезмерная навязчивость и стремление сблизиться приводит к дисгармонии и усталости. Как все-таки соблюдать дистанцию? Для этого разберемся какие виды дистанций существуют в отношениях между людьми.

Есть интимная зона с дистанцией от 15 до 45 сантиметров, в которую разрешается проникать самым близким, например, детям и родителям. Личная зона от 45 до 120 сантиметров используется при обыденном общении со знакомыми людьми. Социальная зона – от 120 сантиметров до 4 метров, на таком расстоянии мы общаемся на работе, с посторонними людьми. Общественная зона – это дистанция более 4 метров, во время лекции или собрания.

В разных странах люди по-разному защищают границы личного пространства. Есть большая разница между Россией, Европой и Азией, также есть разница между мужчинами и женщинами. Все эти явления нужно учитывать при сближении. Сокращение дистанции должно осуществляться в соответствии с чувствами людей. В той мере, в которой они будут ощущать себя комфортно друг с другом, они станут сближаться и, в соответствии с этим, регулировать расстояние между собой.

Все люди должны знать, понимать, ощущать, исследовать себя и окружающих, чтобы в итоге мы соединились в одно общее целое, тогда пространство между нами заполнит любовь. Речь идет также об общем понимании цели развития и смысла жизни.

Все люди должны знать, понимать, ощущать, исследовать себя и окружающих, чтобы в итоге мы соединились в одно общее целое, тогда пространство между нами заполнит любовь. Речь идет также об общем понимании цели развития и смысла жизни.

ВОПРОСЫ ДЛЯ САМОКОНТРОЛЯ

- Что такое личное пространство?
- Как не позволять людям пересекать твое личное пространство?
- Какими могут быть последствия социального дистанцирования?
- Что должно заполнить пространство между нами?

ИСКУССТВО СЛУШАТЬ

Умение слушать необходимо практически всем – родители должны понять ребенка, для ребенка важно услышать задание учителя, руководитель должен услышать мнение персонала, для правительства важно понять потребности народа. Большинство людей считают себя хорошими слушателями, когда просят их дать оценку этому навыку, то многие дают себе 9 из 10. Хотя исследования показывают совсем иное, – умением выслушать собеседника, вникнуть в сущность того, что говорится, обладают не более 10% людей.

Фундаментальное правило межличностных коммуникаций гласит: смысл сообщения, понятый получателем, никогда точно не соответствует смыслу, заложенному в это сообщение отправителем.

В ходе специальных исследований было установлено, что при восприятии речи на слух человек в среднем достигает только 25%-го уровня эффективности за десять минут. Врачи прерывают своих пациентов, в среднем, через 12 секунд после того, как пациент начинает говорить. Даже в неофициальных беседах слушатель усваивает в среднем не более 60-70% того, что говорит собеседник.

Слушать внимательно трудно, так как мы думаем быстрее, чем говорим. Известно, что обычный человек способен воспринимать до 500 слов в минуту, в то время как средняя скорость устной речи – от 125 до 150 слов в минуту. В результате образуется «свободное время», которое является причиной невнимания, особенно в случаях, когда говорят медленно или неинтересно: слушатель заполняет его обдумыванием своих проблем, мечтами, планами или начинает перебивать и подгонять говорящего.

РЕКОМЕНДАЦИИ ПО УЛУЧШЕНИЮ НАВЫКОВ СЛУШАНИЯ

Избегайте отвлекающих факторов. Слушая других, уменьшите влияние внешних препятствий, которые могут разделить ваше внимание. Например, во время встречи переведите телефон в беззвучный режим. Помните, что даже простая проверка сообщений делает вас невнимательным.

Много информации передается слушателю через язык тела. Практически невозможно фальсифицировать, что ты слушаешь человека. Но, все-таки, важно стараться смотреть в лицо собеседнику, проявлять признаки внимания.

Простейшим способом собственной мобилизации внимания будут вопросы, которые слушающий может периодически задавать «про себя», стараясь сам же на них ответить: «О чем он сейчас говорит?», «Почему это решение кажется ему самым удачным?». Такой внутренний диалог помогает слушателю контролировать свое понимание, глубже разобраться в информации.

Периодически необходимо уточнять услышанное. Сформулировать ту же мысль в сжатом виде, подвести итог значительной части рассказа или задавать уточняющие вопросы – «правильно ли я понял, что?..», «другими словами вы считаете?..»)

Предложить собеседнику дать примеры или рассказать истории. Это заставляет говорящего перейти от абстрактных объяснений к личному опыту и с большей вероятностью поможет вам достичь понимания.

Никогда не атакуйте собеседника. Существует разница между словами «вы ошибаетесь в отношении X» или «я думаю о X по-другому». Когда люди слышат такие фразы, как первая, они начинают защищаться. А лучшая защита – это нападение, и в такой ситуации тело входит в стрессовое состояние, и вы не будете способны слушать.

Есть много техник по улучшению навыка слушать. Но мы хотим бы отметить два основных фактора, которые непосредственно влияют на умение слушать.

Первый – это желание или потребность. Умение слушать зависит от необходимости в данной информации. Ведь «я» – это желание получать, поэтому все, что полезно и выгодно для моего «я» будет с большим вниманием восприниматься мной автоматически, без каких-либо усилий.

Второй фактор связан с моим отношением к говорящему. Здесь существует прямая зависимость между навыком слушать и моим отношением к собеседнику, от того насколько я ценю его, насколько он близок мне. Слушать и чувствовать – это разные вещи. Когда я ценю другого, мне не нужны его слова, я просто «пью» все, что в нем есть, и это входит в меня и наполняет. Любовь автоматически повышает в нас уровень внимания. Так мы устроены, это наша природа. Поэтому для улучшения навыка слушать, необходимо прежде всего работать над улучшением общего отношения к людям.

ВОПРОСЫ ДЛЯ САМОКОНТРОЛЯ

- Что мешает нам слушать?
- Какие существуют рекомендации по улучшению навыков слушания?
- Какой фактор большего всего влияет на умение слушать?
- Есть ли связь между навыками слушать и моим отношением к собеседнику?

ПУБЛИЧНЫЕ ВЫСТУПЛЕНИЯ

Умение общаться с людьми является одним из важных факторов жизненного успеха. И если индивидуальное общение может опираться на врождённые способности, то в публичной коммуникации этого уже недостаточно, здесь нужны навыки. Публичной можно считать любую речь, направленную на нескольких слушателей от выступления на сцене до поздравления за праздничным столом.

Например, вас пригласили на день рождения, и вы понимаете, что на каком-то этапе застолья вас могут попросить сказать несколько слов об имениннике. Или же вас попросили подготовить доклад по заданной теме на работе. В жизни бывают разные ситуации, и вы должны быть готовы ко всему. Для этого вам не надо быть оратором, но обладать навыками коммуникации вам не помешает. Ведь любое выступление является средством коммуникации и является искусством, которому необходимо обучаться.

Вот несколько советов, которые помогут вам установить связь с окружающими с целью донести нужный посыл.

Важно понимать внутренний мир человека, ведь любая информация проходит через наши чувства и формирует нас. Поэтому необходимо заранее готовиться к выступлению. Краткость – это залог успеха, сегодня люди страдают от переизбытка информации. Давайте щадить слушателя, поделимся только тем, что необходимо в данный момент и подходит данной аудитории. Здесь уместно привести цитату 28 президента Америки Вильсона, который говорил: «Если мне надо говорить десять минут, на подготовку мне нужна неделя; если пятнадцать минут – три дня; если говорить надо час, то я уже готов».

Главная задача – удержать внимание людей, поэтому первая фраза очень важна, она должна заинтриговать и поэтому рекомендуется подготовить ее заранее. На протяжении всего выступления необходимо поддерживать интерес, легкое напряжение, для этого намеренно сравнивают, сталкивают два противоположных взгляда на предмет разговора. Необходима также дозированная эмоциональность, ведь монотонная речь не улавливается, а чрезмерная темпераментность не внушает доверия.

Обязательно надо следить за реакцией присутствующих и по мере необходимости корректировать способы подачи информации.

Важно показать, что окружающие вам очень интересны, и вы хотите рассказать им что-то полезное. Для этого необходим зрительный контакт. По вашим глазам они поймут намного больше, чем по словам. Прежде чем начать что-то говорить необходимо установить зрительный контакт. Это позволит не только передавать информацию, но и получить обратную реакцию.

Всем известен факт, что человек забывает примерно 90% того, что слышит, 60% того, что видит, и лишь 10% того, что делает.

Посудите сами, что вы запомните лучше, рассказ о том, как часто бывают поломки в самолетах, ситуацию, когда вы были свидетелем неисправности самолета или обстоятельства, когда вы – пилот, которому необходимо устранить поломки того же самолета? Степень запоминаемости сюжета определяется степенью вашей вовлеченности, поэтому очень важны примеры, а не только абстрактные идеи и слова.

С тех самых пор, когда люди впервые сели вокруг костра, они рассказывают друг другу истории для создания эмоциональных связей. Истории представляют собой самый мощный инструмент передачи информации, более надежный, чем любая другая форма коммуникации.

Информация статична, истории – динамичны. Истории объединяют сердца людей. Они переплетают воедино ценности, нормы и убеждения. Истории – это не только волшебные сказки и нравоучительные притчи. Это любые рассказы о нас, о наших друзьях и коллегах. Эмоциональное повествование способно задеть душу любого человека.

Историю необходимо рассказывать по законам композиции. Сначала завязка, потом основная часть, ну и конечно же кульминация и заключение. Даже в природе существуют законы композиции. Все биологические процессы проходят по этим законам. Давайте вспомним как проходят стадии болезни. Или, например, прием пищи начинаем с закуски, потом основное блюдо и десерт. Во всех сферах жизни действуют эти процессы. Поэтому важно их соблюдать и тогда ваша речь будет звучать органично и приведет к желанной цели.

В хорошем рассказе всегда присутствует юмор. Юмор показывает нам сочетание противоположностей, их возможную инверсность и этим люди восхищаются.

Чувство юмора в себе развить практически невозможно. Юмор дается людям как дар. Поэтому лучше реально оценить свои способности, потому что нет более жалкого зрелища, чем человек, пытающийся пошутить.

Очень важно уделить место комплименту аудитории. Он должен быть кратким и истинным, без излишних преувеличений.

Задача вступления – затронуть чувства слушателей. Для этого необходимо открыть свои чувства. Это никого не оставит равнодушным. Только не говорите о волнении и страхе, оставьте их при себе. Вы должны излучать уверенность.

Затем уместно применить прием свой-чужой. Показать, что вы – свой, у вас есть общие интересы, возраст, профессия, или, например, родство с виновником торжества. В первые минуты выступления присутствующие оценивают степень вашей опасности. Ничего не поделаешь, эволюцию никто не отменял. Поэтому надо успокоить и убедить всех, что вы не опасны, вы свой.

В основной части необходимо говорить о проблемах или задачах, в некоторой степени драматизируя их. Так уж устроен наш мозг, в нем больше центров тревоги, чем удовольствия.

Вы уже понимаете, что кульминация является самым важным местом в вашей истории. Это то, ради чего вы, собственно, рассказываете ее. Это может быть призыв, главное, чтобы ваше предложение звучало кратко и однозначно. Здесь также уместно сгустить краски.

В заключении рассказ необходимо связать с основной идеей. Заключение должно вызвать эмоциональный всплеск. Самый блестящий финал – если ваши последние фразы перекликаются с первыми.

В большинстве случаев, вступая в коммуникацию с публикой, каждый из нас порой думает: «Я ваш герой, я пришел, чтобы рассказать вам… избавить вас от…» и т.д. Это совсем не правильно. Необходимо считаться с окружающими, чтобы они чувствовали себя причастными. Без помощи аудитории ваша идея не пойдет дальше, ваша история не будет услышана.

Поэтому мы не можем считать себя героем, спасающим аудиторию, это аудитория – наш герой. Пусть все наше выступление будет посвящено аудитории.

ВОПРОСЫ ДЛЯ САМОКОНТРОЛЯ

- Как овладеть навыками публичного выступления?
- Как удержать связь со слушателями?
- Какие свойства необходимы человеку для публичных выступлений?
- От чего зависит успех выступления? Как его измерить?

МУДРОСТЬ ТОЛПЫ И ГРУППОВЫЕ ЭФФЕКТЫ

Человечество ищет ответы на сущностные вопросы и интуитивно подходит к мудрости, существовавшей за многие века до нашего времени. О единой сети, соединяющей все человечество, написано не мало, есть даже книги тысячелетней давности, где говорится о единстве человечества, скрытых связях между нами и, более того, об общей системе всей Природы.

Получается интересное явление: наши предки пользовались этим знанием, затем на тысячи лет оно пропало, а теперь опять проявляется и исследуется учеными.

Некоторые могут сказать, что мудрость толпы – это красивые слова. Ведь в жизни, когда мы сталкиваемся с толпой (стадионы, стихийные демонстрации, путчи, соединение возмущенных людей), как правило, они управляются самыми низкими инстинктами – ненавистью, желанием громить все на своем пути. Тут уж не до мудрости.

Но все же ученые выяснили несколько методов как использовать коллективный интеллект и мудрость толпы. Да, кстати – это разные понятия.

Мудрость толпы – это то, что мы можем собрать, как подобие интегрального знания.

Показатели коллективного интеллекта зависят от социальной восприимчивость людей, присутствия женщин в коллективе и отсутствия явно выраженного лидера. И только во вторую очередь сказывается интеллект участников группы. Равенство и разнообразие – вот что дает возможность принять оптимальное решение в коллективе!

Рассмотрим основные принципы, на которых основывается эффективное применение мудрости толпы:

1. Количество участников. Чем больше людей принимает участие в решении проблемы, тем ближе к идеальному будет результат.

2. Независимость участников. Для формирования «чистого» решения необходимо, чтобы члены «толпы» не испытывали стороннего давления. Наиболее эффективен анонимный сбор мнений, при котором участники не знают решений друг друга.

3. Разнообразие мнений. Люди одной профессии или социальной группы мыслят сходным образом. Чтобы получить действительное многообразие мнений, желательно иметь как можно более широкое распределение участников по различным признакам.

Но самое главное – из «толпы» создать образ индивидуума, то есть соединить всех противоположных и далеких друг от друга людей ради достижения единой цели. Когда они собираются вместе для достижения единой цели, то они могут использовать всё, что есть в каждом из них для того, чтобы достичь этой единой цели.

И тогда нет между ними противоречия. Тогда они объединяются между собой, причём, по очень строгому и очень древнему принципу: над всеми противоречиями, даже ненавистью, возникает любовь.

Такой коллектив, будучи целостной системой, обладает собственным интеллектом.

Если собираются 10 человек, и у каждого есть свой потенциал то, объединившись, они получают намного большие мощность, разум и чувства, чем просто сумма потенциалов каждого из участников. Причины этой закономерности еще предстоит исследовать.

Это явление называется «эффектом синергии», когда прибавочная интеллектуальная энергия, которая возникает при объединении людей в целостную группу, выражается в групповом результате, который превышает сумму индивидуальных результатов, то есть отвечает требованию 1+1>2.

Причиной этому является не механическое усилие, когда каждый нивелирует свой эгоизм ради общей цели, или когда каждый использует свой потенциал по максимуму. Нет, здесь мы задействуем совсем другой природный механизм, который выводит нас на качественно иной уровень.

Этот качественный скачок подобен такому эволюционному переходу, как появление в далекие времена растений из неживых атомов, появление супер-организма, мыслящего и чувствующего, при соединении одноклеточных организмов. Можно только предположить, какие силы проявятся в таком коллективе, если все правильно, на чувственном уровне объединяться!

Есть множество и других социальных эффектов, которые возникают при коммуникации между людьми – конформизм, синергия, принадлежность, доминантность и другие. Изучив эти эффекты, заложенные в обществе самой природой, мы сможем использовать их для нашего развития. Самое интересное, что в природе эти явления присутствуют во всех живых организмах на уровне инстинктов, и лишь мы, люди, должны изучать их, раскрывать и осознанно использовать.

Давайте рассмотрим несколько примеров.

Эффект присутствия других людей может как усиливать, так и снижать мотивацию человека. Эффект усиления социальных возбуждений тем сильнее, чем теснее друг к другу располагаются люди. Взаимная симпатия и значимость окружающих людей для человека усиливают реакцию. Количество людей очень важно, но для начала работы определено оптимальное число людей не более десяти.

Эффект принадлежности к группе. Человек, отождествляя себя с какой-либо группой, стремится оценить ее положительно, поднимая таким образом и статус группы, и собственную самооценку. Необходимо постоянно усиливать и культивировать этот эффект, если мы хотим, например, поднять мотивацию в коллективе.

Есть очень интересный эффект «социальной лени», когда по мере увеличения количества членов группы, происходит уменьшение среднего индивидуального вклада. Причем наблюдают, что чем больше численность группы, тем меньше проявляется личная ответственность каждого. Коэффициент полезного действия группы из восьми человек – только 49%. Решением этого явления может быть лишь личная работа каждого над своим эгоизмом.

Известен «эффект конформизма», когда человек подчиняется мнению большинства. Здесь особенно важно соблюдать индивидуальность и оберегать мнение каждого члена группы. Необходимо оставить человеку свободу выбора, чтобы он сам развивал в себе важность коллектива и сам захотел находиться под его влиянием.

Подражание – один из основных механизмов групповой коммуникации. В процессе взаимодействия члены группы вырабатывают общие стереотипы поведения, следование которым подчеркивает и укрепляет их членство в группе. Внешне это явление может выражаться через в униформу (например форма военных, белый халат врача), которая показывает окружающим, к какой именно социальной группе принадлежит тот или иной человек, какими нормами регулируется его поведение. Люди более склонны следовать примеру похожего на них человека, чем непохожего. Эффект подражания лежит в основе приобретения любого навыка и является добровольным.

Ещё один интересный «эффект синергии». Это прибавочная интеллектуальная энергия, которая возникает при объединении людей в целостную группу. Механизм этого явления таков, что если человек включается в группу из десяти человек, то получает силы не в десять раз больше, а в тысячи раз больше. Потому что он при этом начинает привлекать на себя силу общества, которое на порядок выше индивидуума.

При правильном используя всех этих эффектов, изначально заложенных природой в обществе, нам раскрывается самый важный закон живых организмов – закон поручительства. Это естественная сила взаимозависимости каждого от всех. Все участники эмоционально, экономически, экологически и морально влияют друг на друга. Да, с одной стороны, это накладывает ответственность, но с другой – коллектив, в котором выстроено взаимное поручительство, подобен природным живым системам и поэтому становится менее уязвимым. Такой коллектив является здоровым и может выполнить любую задачу.

ВОПРОСЫ ДЛЯ САМОКОНТРОЛЯ

- Что такое мудрость толпы, каковы основные принципы ее применения?
- Коллективный интеллект — будущее человечества или гибель личности?
- Каков самый важный закон живых организмов?
- Приведите несколько примеров социальных эффектов.

ПРИНЦИПЫ РАВЕНСТВА, СВОБОДЫ И ЕДИНСТВА В ОТНОШЕНИЯХ

Понятия «равенство», «единство» и «свобода» широко известны еще со времен французской революции. И до, и после нее люди боролись за эти принципы. Мы видим, что человечество включается в единую систему экономических, социальных, политических и культурных взаимосвязей, которые называют глобализацией. Но это всего лишь внешнее единство.

Давайте вместе подумаем о чувственном единстве на уровне мыслей и желаний, хотя это дело далекого будущего. Пока человечество вообще не задается такими вопросами, мы не готовы к общему объединению, да и не в наших силах это сделать. Хотя выгода от таких связей очевидна, и есть сотни исследований на эту тему.

Человечество способно стать единой структурой. Именно взаимная поддержка – самое главное в том новом обществе, которое должно восстать после всех тяжелых периодов, которые мы проходим. Да, мы все разные, и у нас различные интересы, но у нас одна цель. Мы все хотим быть счастливыми.

Единство – это один из самых основных принципов коммуникации. Оно вдохновляет нас на связи, но в текущем периоде людям проще объединяться против кого-то, иначе нет причин для соединения, для преодоления отдаленности. Это неверное единство, которое заранее планирует уничтожить кого-то, чтобы самому возвыситься.

Если бы мы только осознали, что само объединение представляет собой высшую ценность, что в единстве заложен великий замысел, что развитие жизни – это процесс объединения!

Во всех поколениях и культурах человек стоит перед решением одного единственного вопроса: как преодолеть разделение, как прийти к объединению, каким образом выйти из индивидуального существования и достичь состояния единства?

С этим не поспоришь. Остается только вопрос, как же к этому прийти? Если мы все страдаем от эгоцентрического мышления, то необходимо создать такие ценности в обществе, которое буквально каждому из нас будут возвеличивать пользу от объединения и солидарности.

Мы, люди, должны прежде всего осознать, что изменения ценностей, культивирование в обществе солидарности и любви, возможно лишь при четком понимании цели, – а для чего мы все это делаем? Для того чтобы спастись и выжить? Для лучшей жизни? Тоже немаловажно!

Но, при более глубоком подходе, мы можем осознать причину, лежащую в корне: нам необходимо соответствовать законам Природы, которые на протяжении всех миллионов лет развития толкают нас к интеграции, к большей связи.

Еще один важный элемент в нашем развитии – свобода. Давайте рассмотрим понятие свободы с точки зрения коммуникации между людьми. Сегодня нам уже понятно, что гены и окружение практически полностью определяют наше поведение. В чем же тогда заключается наша свобода?

Некоторые ученые утверждают, что ни в каких биологических организмах, включая человека, свободы не существует. Но поднимаясь над своей эгоистической природой, «выходя из себя», человек может там обрести свободу.

Получается, что если человек находится в эгоизме, заботе о себе, использовании других ради своей выгоды, то не о какой свободе не может быть и речи. В таком случае он лишь выполняет программу природы, как и любой другой биологический организм.

Такой человек управляется жесткими эгоистическими законами. В обществе мы эти законы должны как-то упорядочить, для более удобного существования. Поэтому нам надо обязательно загнать себя в какую-то сеть взаимных отношений, ограничений, договоров. Свобода – это ограничения, это свод законов, которые помогают нам друг друга не убивать, сосуществовать в рамках этих законов.

Настоящую свободу можно определить как осознанную необходимость быть в правильном взаимодействии с другими людьми. Любить и отдавать без личной выгоды, уважать и считаться с другими – это свободные действия. Для их реализации необходимо много сил, энергии и осознания причины такого поведения. Каждый может сам проверить, насколько он свободен в своих поступках.

И в заключение хотелось бы упомянуть о понятии «социальное равенство». Ведь без равенства не может быть правильной коммуникации. Но кто определяет равенство? И в чем мы, такие разные, равны?

В античности существовало равенство внутри сословий и неравенство между сословиями.

В средневековой христианской философии была концепция равенство всех перед Богом, но не применительно к общественным отношениям индивидуумов.

В эпоху Возрождения идея равенства заключалась в том, чтобы дать всем равные возможности, но здесь не брали в расчет саму природу человека, которая изначально сделала нас неравными.

Социалистические учения привели к уравниловке. Но нет ничего более противного нашей природе, чем равенство. Тогда стирается индивидуальность каждого человека. А это против нашей эгоистической природы. Поэтому такой вид коммуникации мог существовать только среди идеалистов или в первобытных обществах с неразвитым эгоизмом.

Со стороны природы мы вообще не наблюдаем равенства. Нет ни одного человека, который был бы равен другому. Иначе мы превратились бы в одно целое.

Принцип правильной коммуникации в том, чтобы каждый мог максимально полно, в меру своих индивидуальных возможностей, выразить себя в совместном действии ради какой-то общей цели или блага. У человека должны быть равные возможности со всеми остальными, позволяющие ему правильно себя реализовать. Равенство – это дополнение друг друга, а не уравниловка, равенство – это не поровну.

Необходимо позволить каждому максимально реализовать свой потенциал, который он может дать обществу. Это может быть роль кухарки или роль главы государства – неважно. Если каждый делает в полной мере то, что способен, на благо общества, то в этом они равны.

Сердце равно легким, равно печени, равно почкам, ногам, рукам и так далее. В чем? В том, что они все правильно взаимодействуют между собой ради общей цели – ради жизни! В этом все равны, но каждый в своей индивидуальной работе на общее благо – и потому организм живет!

Такое состояние возможно лишь при правильном воспитании, осознании цели Природы и своего места в этом процессе!

ВОПРОСЫ ДЛЯ САМОКОНТРОЛЯ

- Как выйти из индивидуального существования и достичь состояния единства в обществе?
- Возможна ли свобода человека в рамках нашей эгоистической природы?
- В чем разница между «уравниловкой» и социальным равенством?
- Как достичь состояния равенства в обществе?

Часть 3
УПРАВЛЕНЧЕСКИЕ НАВЫКИ

ТЕМЫ КУРСА

- Планирование и целеполагание.
- Жизненные рамки и управление временем.
- Самореализация и личностный рост.
- Личная мотивация.
- Искусство учиться.
- Методика развития интегральных навыков.
- Управление стрессом.
- Виды конфликтов и способы их решения.
- Методы принятия решений.
- Методика Круглого стола
- Руководство по созданию команд.

ПЛАНИРОВАНИЕ И ЦЕЛЕПОЛАГАНИЕ

Сложно придумать более глобальный и философский вопрос, чем цель жизни. Далеко не все люди, даже в зрелом возрасте, могут на него ответить. Как определить свою цель жизни? Что дает понимание жизненной цели? Сколько их вообще может быть – одна или много? Можно ли ее выбрать, либо она дается от рождения? Как понять, что цель жизни найдена? Какие признаки указывают на выбор правильного пути? Ясно одно, – у человека в жизни должна быть какая-то цель, иначе это не жизнь.

Вопросы о цели и смысле жизни люди задавали на протяжении всей истории.

В авраамических религиях целью жизни является познания Бога, уподобление ему, покорность и служение.

Буддизм говорит, что цель – в прекращении страданий.

Индуизм считает целью достижение высшего блаженства, но каждое течение по-своему его реализует.

По Конфуцию, главной целью человеческого существования является создание совершенного общества, что позволяет достигнуть гармонии между людьми и Небом.

Наука не отвечает на вопрос о цели жизни, она исследует, когда и при каких условиях появилась жизнь.

Мнения философов о главной цели жизни порой противоречат друг другу.

Например, в древнегреческой философии цель жизни связана с понятием блага.

Позитивизм подчеркивает необходимость исследования окружающего мира, получения знаний и опыта.

Одна из основных проблем человека – жизнь без цели. Отсутствие цели подталкивает людей к саморазрушению, включая употребление наркотиков, к другим видам зависимости.

В человечестве нет общего понимания смысла жизни, у каждого этот смысл свой и, более того, он меняется на протяжении жизни. Сам поиск смысла является главной движущей силой жизни человека.

Как определить цель в жизни и план ее достижения? Миллиарды людей на земле и тысячи разных целей! Как выявить какая у меня цель должна быть?

Существуют несколько эффективных методов, помогающих определить жизненные цели.

Есть метод самоанализа, когда человек анализирует, что с ним происходит, что происходит с окружающим миром, каковы тенденции развития природы.

Другой способ – с помощью выбора окружения. Человеку необходимо найти людей, которые вызывают интерес и желание подражать, узнать, какие жизненные цели мотивируют их, и взять эту информацию на вооружение.

Существует испокон веков практика привлечения духовных учителей. То есть можно найти какого-то умного человека, мудреца, который расскажет человеку о смысле жизни, и человек, естественно, должен ему поверить и идти за ним.

Мы полагаем, что поиск цели жизни связан с развитием желаний в человеке. Безусловно, некоторым вполне хватает для полного счастья пить, есть и размножаться. Чем выше уровень интеллектуального и духовного развития личности, тем больше жизненных целей у нее появляется. Это не зависит от человека, сама Природа вызывает в нем потребность в поиске цели. Человеку лишь необходимо продолжить и развивать эту потребность.

Есть такие люди, которые не представляют себе жизнь без раскрытия цели самой природы, ее замысла. Сам поиск замысла придает им жизненную энергию. На наш взгляд невозможно говорить о целях в нашей жизни, если мы не знаем цель самой природы, которая нас создала.

Например, **если человек определил для себя, что цель его жизни** – раскрыть замысел Природы, то следующий этап – это планирование.

План жизни – заранее определенная последовательность действий, помогающих достичь поставленную цель. По сути, речь идет о классическом планировании, только в масштабах целой жизни.

Чтобы правильно составить план жизни, необходимо пройти следующие этапы:
- понять цель и поставить задачи;
- правильно выбрать приоритеты;
- проанализировать наличие необходимых ресурсов;
- составить последовательную программу действий;
- продумать, как периодически проверять, что ты следуешь цели и не сбился с пути.

Необходима четкая индикация того, что ты продвигаешься. Если движение к цели нельзя измерить, то невозможно управлять процессом. В любом случае сам поиск цели жизни вдохновляет человека, придает ему силы и энергию, мотивирует и окрыляет. Поэтому так важен поиск смысла. Чем раньше это произойдет, тем больше шансов добиться успеха. На само деле, это не так уж сложно. Необходимо быть искренним перед самим собой и, главное, найти правильное окружения для самореализации.

ВОПРОСЫ ДЛЯ САМОКОНТРОЛЯ

- Как определить свою цель жизни?
- Цель жизни должна быть общая для всего человечества или же у каждого своя?
- Есть ли цель у природы?
- Почему мы часто не достигаем поставленных целей? Что нам мешает?

- Какие факторы влияют на успех в достижении цели?
- Как построить план на жизнь и критерии проверки результатов на каждом этапе развития?
- Согласны ли вы с утверждением, что смысл жизни в том, чтобы найти смысл жизни?

ЖИЗНЕННЫЕ РАМКИ И УПРАВЛЕНИЕ ВРЕМЕНЕМ

Вся жизнь человека является рамками для нашего «я». В ней существуют естественные ограничения, обстоятельства, в которых мы находимся, например, эпидемия, охватившая сегодня весь мир, или начинающийся финансовый кризис.

Еще существуют обязательства, законы и ограничения, которые искусственно придуманы людьми. Детский сад, школа, армия, спорт, работа, семья – всё это накладывает на нас определенные рамки.

Откуда исходит корень несвободы человека, ведь он постоянно находится в каких-то жизненных рамках?

В природе нет ничего свободного, начиная от Вселенной и заканчивая всем существующим на Земле. Что значит свобода? Делать то, что я хочу? Я ведь всегда нахожусь в рамках каких-то законов, обстоятельств, изменений, влияющих на меня. И, конечно, в этом я не свободен.

Мы хотим предложить вам иной подход…

Что произойдет, если человек согласится с тем, что воздействует на него, абсолютно оправдает эти воздействия и свою реакцию на них? Возможно, он перестанет ощущать все ограничения, их давление на себя и почувствует себя свободным? Стоит проверить!

В последнее время стала развиваться дисциплина, которая называется «управление временем». Идея заключается в выявлении наиболее важных дел. Сэкономив таким образом минуты на, казалось бы, незначительных вещах, в конечном итоге можно высвободить целые часы и использовать их с гораздо большей пользой.

Ученые подсчитали, что в течении жизни мы тратим годы на бессмысленную отвлекающую ерунду. Внедрить контроль над временем в свою жизнь не так сложно, как может показаться на первый взгляд.

ОСНОВНЫЕ ПРАВИЛА УПРАВЛЕНИЯ ВРЕМЕНЕМ

- **Чтобы выявить важные дела,** стоит смотреть на каждый день словно он – последний.
- **Планируйте и ставьте цели.** Тривиально говорить, что план должен быть как минимум на день или неделю, а лучше на бесконечность. Если человек не думает о конце, он не может правильно программировать себя, он строит такие планы, будто у него впереди безграничная жизнь. Самое важное – это конечная цель, все должно исходить из нее, даже если она выходит за рамки этой жизни.
- Расставить приоритеты. Если человеку в одно и то же время надо сделать несколько действий, ему приходится выбирать приоритеты, что важно, а что – нет. Лучше всего исходить из критерия: что важнее для общества, семьи, друзей.
- **Учитесь говорить «нет».** Допустим, неожиданно кто-то к вам приходит вне запланированных задач и встречь, и вы вынуждены отказать ему в приеме, потому что сейчас заняты. Обязательно используйте этот принцип!

Одним из правил управления временем является необходимость прививать полезные привычки. Например, делать зарядку, никогда не опаздывать, класть вещи в определенное место после использования и так далее К этому списку стоит добавить работу по строгому расписанию. Чтобы все успеть, расставить правильно приоритеты, на что оставить время, на что – нет, и при этом не загонять себя в те рамки, которые не сможешь выполнить. У человека не должно быть времени, когда он не знает, чем заняться, отдых и свободное время тоже необходимо планировать наравне с остальными делами.

В теории все просто, но далеко не у всех получается управлять временем, сложно изменить свои привычки, недостаточно самодисциплины... Поэтому нужен кто-то, кто будет контролировать выполнение поставленных задач. Лучше всего управление временем работает в коллективе. Найдите себе единомышленника и начинайте с ним работать.

Только в коллективе мы приходим к такому состоянию, когда все, что мы хотим, получается, а все, что не хотим – не получается. И все, что человек не смог сделать – это для него так же нормально, как и то, что получилось.

ВОПРОСЫ ДЛЯ САМОКОНТРОЛЯ

- Возможно ли состояние, когда человек абсолютно свободен в своих действиях и мыслях?
- Перечислите известные вам принципы управления временем?
- Согласны ли вы с утверждением, что у человека не должно быть свободного времени, все должно быть спланировано заранее?
- У всех время течет по-разному? Почему для «счастливых» время пролетает с невиданной скоростью?
- Насколько важна поддержка окружения единомышленников для управления временем?

САМОРЕАЛИЗАЦИЯ И ЛИЧНОСТНЫЙ РОСТ

Вопрос самореализации интересовал выдающиеся умы древности. В работах Аристотеля присутствует много рассуждений о значимости этого явления, например, о достижимости счастья через реализацию потенциальных талантов человека.

Проблема самореализации была аспектом изучений американского психолога Абрахама Маслоу. Ученый полагал, что необходимость человека в самореализации заложенного потенциала находится на самом верхнем уровне пирамиды потребностей. По мнению психолога, добраться до такой высокой «планки» пирамиды удается далеко не каждому, при этом **даже находясь в пути к этой цели, человек ощущает себя счастливым.**

Самореализация – это самое сильное стремление, его можно сравнить с желанием человека уподобиться по свойствам с Творцом, то есть приобрести свойства Творца – свойства любви и отдачи. Потому что человек – Адам – от слова «эдоме» *(ивр.)*, – подобный Творцу по свойствам. И поэтому, когда человек желает себя реализовать, он старается приобрести свойства Творца, приобрести природу отдачи. Человек старается обуздать свою эгоистическую природу, быть выше ее.

Именно это желание делает нас людьми и отличает от всего животного мира, оно веками постепенно-постепенно развивалось, и в наше время мы его не начинаем ощущать все более отчетливо. Поэтому вопрос личностного роста так остро стоит сегодня перед людьми. Если посмотреть на всю историю развития человечества как на огромный организм, который проходит всевозможные метаморфозы, то каждый из нас приходит к потребности самореализации.

Человеку, в отличии от животных, свойственно совершенствоваться. Это возможно путем самореализации и

личностного роста. Личностный рост – это самореализация и развитие таких качеств характера, которые способствуют достижению любых целей, которые ставит перед собой человек.

Это очень тяжелый труд, так как он связан с расширением зоны комфорта и необходимостью постигать новое поведение, новые ощущения. Человек должен очень тонко прислушиваться к себе и, главное, не бояться оставить привычный комфорт. Чтобы что-то найти, необходимо действовать: встать, куда-то пойти, где-то что-то узнать, о чем-то побеспокоиться, от чего-то отказаться и тому подобное. Это действительно проблема.

К выяснению нашего предназначения нас гонит природа по своему плану.

Поначалу род человеческий был подобен животным. Постепенно люди завязали между собой человеческие отношения, сформировали общество, стали развивать технологии.

Еда, секс, семья, деньги, почести, знания в различных вариациях и комбинациях – вот и весь первичный набор. Только после его реализации у человека возникают новые вопросы – о его корне, о причине бытия. Внезапно в ходе своего развития **человек замечает, что всякой вещи свойственна причина, процесс и результат – начало, развитие и итог. Этот подход относится уже не к животной ступени, а к человеку в нас.**

Поэтому **настоящей реализацией может быть только вечная цель, связанная со смыслом и причиной нашего существования.** Все виды личностного роста в рамках нашего эгоистического земного развития – это все лишь реализация заложенного в нас природой потенциала. Если же человек хочет по-настоящему реализовать себя, то ему необходимо выйти за рамки своей природы. Это возможно только лишь в окружении, при условии построения правильных связей с другими людьми с целью выйти из рамок узкого эгоцентрического восприятия мира.

Именно связь между людьми выводит нас на новый уровень развития. Я использую свой потенциал ради связи, объединения с другими людьми, сначала – с близкими мне по духу людьми, и постепенно этот круг расширяется. Сам процесс сближения уже ставит нас в соответствие с природным, естественным развитием всего живого. Этим действием мы выполняем замысел Природы, и таким образом реализуем себя.

ВОПРОСЫ ДЛЯ САМОКОНТРОЛЯ

- Что стоит за желанием человека реализовать себя в этой жизни?
- В каждом поколении люди хотели реализовать себя, искали смысл жизни. В чем особенность нашего времен?
- Какие навыки необходимы человеку для самореализации?
- В чем отличие самореализации от удовлетворения потребностей?
- Каковы признаки личностного роста?
- Какая связь между личностным ростом и обществом?
- Согласны ли вы с утверждением, что самореализация – это раскрытие уже заложенного в человеке потенциала?
- Где найти мотивацию на изменения и личностный рост?

ЛИЧНАЯ МОТИВАЦИЯ

Мотивация – это внутреннее желание, которое побуждает человека к действию, направленному на достижение определенной цели. Мотивация – это горючее, без которого невозможно сделать ни одного шага. Каждому человеку важна его жизненная мотивация и ее реализация. А иначе вся его жизнь лишена всякого смысла.

Мотивацию можно разделить на несколько видов.
- **Внешняя мотивация** – мотивация, не связанная с содержанием определенной деятельности. Кнут и пряник. Вознаграждение и наказание.
- **Внутренняя мотивация** – мотивация, связанная с самим содержанием деятельности.
- **Материальная мотивация** эффективна до определенного уровня и часто носит краткосрочный характер. Человек, например, быстро привыкает к новому уровню доходов, начинает тратить больше и вскоре перестает чувствовать удовлетворение.

Эффект от применения инструментов **нематериальной мотивации** длится дольше, так как они затрагивают ценности человека, вопросы профессионального и личностного роста.

Исследования показывают, что начальник, обладающий навыками слушать подчиненного, этим в 13 раз больше мотивирует сотрудника остаться на своем рабочем месте, чем зарплата. Когда человек удовлетворен своим материальным состоянием он начинает искать в работе только лишь творческую составляющую.

Устойчивая мотивация – это мотивация, основанная на естественных потребностях человека (утоление жажды, голода и тому подобное)

Неустойчивая мотивация – это мотивация, которая требует постоянной внешней поддержки (бросить курить, сбросить вес и тому подобное).

Кроме того, различают отдельные мотивы, которые движут поступками людей:
- Мотив самоутверждения
- Мотив идентификации – стремление походить на кого-то (авторитета, кумира, отца и тому подобное).
- Мотив власти – стремление человека к влиянию на окружающих, руководить ими, направлять их действия.
- Мотив саморазвития – стремление к личностному росту, реализации своего потенциала.

СВЯЗЬ МЕЖДУ РАЗВИТИЕМ ЖЕЛАНИЙ И МОТИВАЦИЕЙ

Можно проследить связь между развитием желаний и мотивацией, потому что развитие желаний – это и есть развитие мотивации. Если сначала у человека было желание только добывать пищу, потребность в продолжении рода, затем – построении семьи и дома, далее уже возникла мотивация для борьбы за более комфортное существование, личностный рост и духовное возвышение. Таким образом смена желаний мотивируют человека искать средства их реализации.

Когда у человека есть мотивация, то он четко ощущает направление, в котором движется, цель в будущем. Мотивация включает в себя ясное видение будущего, в том числе и средства его реализации.

ОТ ЧЕГО ЗАВИСИТ МОТИВАЦИЯ?

Существует два фактора, которые вызывают мотивацию: нацеленность человека на успех и мера важности достижения этой цели. Если человек не видит возможности преуспеть, то не найдет в себе энергию выполнить работу. Этот факт объясняет, почему большинство людей не может найти в себе мотивацию стать богатыми и известными.

Человек не просто должен видеть будущее, а понимать, каким образом он придет к этому будущему. Мотивация сама по себе – это просто слово, она начинает обретать силу, когда ее начинают выражать в рабочих планах, это уже совсем другое дело. Человек как искусная машина анализирует затраты сил, сравнивает усилия с ожидаемым результатом и только тогда у него появляется горючее, мотивация к действию. Наша природа так устроена, что мы не можем работать без выгоды для себя, даже под угрозой будущих страданий.

Если я получаю сейчас какое-либо наслаждение, от которого в будущем у меня будут проблемы со здоровьем, то, как это не парадоксально, мне очень тяжело найти в себе мотивацию прекратить наслаждаться. Например, когда врач советует нам избавиться от какой-либо дурной привычки, вызывающей болезнь, то у нас нет для этого мотивации, даже если это грозит смертью. Причина такого противоестественного состояния в том, что человек очень смутно представляет себе связь между смертью и каким-то действием, например, курением, которое может привести к смерти. Если бы он понимал, что одна затяжка подталкивает его к могиле, он, точно бросил бы курить. Поэтому самое важное оценить шансы на успех, т.е. четко увидеть будущую выгоду и по мере важности достижения цели у нас будет генерироваться мотивация.

КАК ПОВЫСИТЬ МОТИВАЦИЮ?

Самый эффективный способ мотивировать человека – поместить его в среду, ценящую ту цель, которую он хочет достичь. Очень важно, чтобы в этом коллективе человек был среди уважаемых им людей. Тогда они поднимут его мотивацию.

Дело даже не в самом окружении, а в том, насколько человек его ценит. Если это важные для него люди, то они будут на него влиять. Они могут быть совершенно обычными, не выдающимися людьми. Допустим, если мой маленький сын хочет заниматься чем-то интересным для него, то поневоле мне это тоже становится интересным, и я начинаю уважать и приветствовать его занятие.

Очень важно приблизить к человеку его будущее состояние, в котором он хочет быть, необходимо помочь человеку очень четко его представлять, а также создать подробный, реальный план достижения цели.

В природе, если у животного есть какой-то потенциал, то он его полностью использует. А у людей бывает так, что есть потенциал, талантлив, но нет мотивации выполнять какую-то работу. Причина этого явления в том, что у человека на определенном уровне развития возникают вопросы, которые выходят за рамки нашего мира. Он спрашивает о смысле этой ограниченной жизни: «Что будет с моими результатами и достижениями в будущем?» Этот вопрос является корнем отсутствия мотивации.

Если у человека нет мотивации из-за отсутствия смысла и вкуса жизни, то ему сначала надо вернуть этот вкус. Должна быть какая-то цель выше этой нашей ограниченной жизни. Если человек религиозный, значит ему достаточно простой веры, если светский, то ему сложнее, и потребуется уже четкое знание о будущих состояниях, о замысле природы, ее целях относительно человека.

ВОПРОСЫ ДЛЯ САМОКОНТРОЛЯ

- Какие виды мотивации вы знаете?
- Что происходит в человеке, когда у него есть мотивация, какие процессы, что он чувствует?
- Иногда мотивация пропадает и внезапно появляется. От чего это зависит? Можно ли управлять мотивацией?
- Существует ли связи между развитием желаний в человеке и мотивацией?
- Какие факторы влияют на недостаток мотивации?
- Есть ли общие принципы повышения мотивации для всех или же необходим индивидуальный подход?
- Насколько поменялась мотивация в эпоху коронавируса?
- Как и чем можно мотивировать людей заботиться друг о друге, об общем успехе и благе?

ИСКУССТВО УЧИТЬСЯ

Даже если вы не идете завтра в первый класс, не заканчиваете докторат, не находитесь на курсах повышения квалификации – вам необходимо постоянно повышать, улучшать навыки обучения. Потому что обучение, приобретение знаний – это то, что нас отличает от животных. Хотя и они обучаются и приобретают жизненные навыки, но человек делает это осознанно.

Что мы подразумеваем под искусством учиться: получение знаний в разуме, накопление информации, жизненные навыки, внутренние ценности?

Искусство обучаться – это умение отбирать то, что тебе необходимо для последующего продвижения в жизни. Допустим, человек находишься в какой-то местности и примерно, очень смутно представляет себе, что находится перед ним. Понятно, чтобы разобраться, он должен позаботиться, например, о снаряжении: одеть определенную обувь, запастись картами, какими-то приборами видения (возможно, ночного видения или другими). Все это в комплексе является обучением, – своевременное, предварительное приспособление себя к новым условиям.

Сегодня практически все навыки основываются на профессиональном обучении. Навыки коммуникации и управления, профессиональные навыки. А вот духовно-личностные ориентации практически нигде не изучаются, хотя, учитывая развитие человечества и проблемы, с которыми мы сталкиваемся в 21 веке, такие навыки будут очень востребованы. Нам необходимы способности расшифровывать тенденции Природы, каким образом она воздействует на нас, как мы через наши органы ощущений можем воспринимать ее сигналы.

Восприятие – это сложный процесс приема и преобразования информации. Процесс восприятия новой информации проходит этапы получения информации, узнавания и интерпретации, оценки значимости, осмысления, понимания и сохранения информации. Поэтому всегда необходимо связать новый материал с понятными примерами. В противном случае материал не «зацепится», особенно если мы изучаем какие-то чувственные или абстрактные явления. Например, бесполезно рассказывать человеку о взаимном поручительстве, если он никогда не испытывал это чувство.

Важно вызвать эмоции у человека (удивление, интерес, сомнения). Также помогает восприятию новой информации юмор и драматическая подача материала. Важно, чтобы новая информация воспринималась как ценная, нужная, практичная. Итак, три вещи важны для восприятия информации: примеры, эмоции, значимость информации.

Незнакомое слово может блокировать восприятие информации на несколько секунд, пока мозг пытается найти в активном словаре соответствующее слову понятие. При этом важно помнить, что ученик не поймет не только одно предложение, но не воспримет все, что будет говориться во время поисковой активности мозга. А мы, в зависимости от скорости речи, можем произнести за это время два-три предложения.

Необходимо учитывать, что даже если вы дали определение нового понятия во время занятия, до тех пор, пока слово не появится в активном словаре, это слово по-прежнему будет блокировать восприятие информации. Ученые установили, что для того, чтобы слово перешло в активный словарь, его надо повторить 500-800 раз.

При обучении законам интегрального мира, сил, которые мы не ощущаем в пяти органах чувств, мы получаем новую информацию, не всегда нам понятную. Эту информацию трудно усвоить только в разуме. Поэтому можно посоветовать пытаться заменить новые термины более простыми словами, поощрять вопросы слушателей, предложить выучить на память определения. И все же самое важное – совместные занятия вместе с другими в правильном окружении, усилия воспринимать информацию не просто через мозг, а и через сердце.

Органы чувств получают терабайты информации, а нервные волокна передают в мозг мегабайты. Поэтому человек «закачивает» первый раз информацию об объекте, а в следующие разы использует образ (файл), созданный в мозгу.

Восприятие есть процесс приема и переработки человеком различной информации, поступающей в мозг через 5 органов чувств. Шестой орган чувств – вестибулярный аппарат, дает информацию о положении в пространстве. Мы знаем, что после чтения у человека в памяти остается 10% информации, через аудио формат мы воспринимаем 30%; демонстрация презентаций и видео позволяет позволяет повысить процент до 50%; 70% воспринимается, если мы делаем какие-то кейсы, используем ролевые игры, семинары, круглые столы; и, наконец, 90% – когда человек идет обучать кого-то другого.

Вот еще интересный факт: некоторые исследователи утверждают, что 50% информации между людьми передается невербально, с помощью мимики и жестов, примерно 38% – интонацией голоса и только 7% – непосредственно словами. Отсюда многие делают выводы, что важнее как передающий информацию выглядит, а не то, что он говорит.

Все это правильно относительно передачи технических знаний, но если для достижения цели нам необходимо изменить природу человека, его эгоцентрическое восприятие, то здесь все эти принципы работают лишь частично и только на начальном этапе. Для внутренних изменений в человеке необходим совсем другой подход. Информация воспринимается чувственно через окружение и взаимные попытки каждого члена отменить свое «Я» и возвысить товарища.

В заключении можно сказать, что вся традиционная система обучения построена на получении знаний и аналитическом мышлении, а интегральные навыки человек развивает при правильной коммуникации с окружением единомышленников.

Сегодня связь с другими людьми является одним из основных навыков, которому необходимо постоянно обучаться. Получение знаний само по себе – не является ценностью, в интернете полно информации. Сейчас человек хочет «покупать» изменения в своей жизни. Не достаточно просто рассказать, как зарабатывать деньги или как сохранить семью. Необходимо еще поставить человека под влияние правильного окружения. Таковы тенденции самой природы, так она нас развивает посредством все большей интеграции и взаимодействия.

ВОПРОСЫ ДЛЯ САМОКОНТРОЛЯ

- Какие этапы восприятия информации вы можете назвать?
- Каковы принципы эффективного обучения?
- Можно ли сказать, что получение знаний и аналитических способностей – это образование, а воспитание – это развитие жизненных навыков и человеческих ценностей?
- Где хранятся знания – в мозге, желаниях, намерениях?

МЕТОДИКА РАЗВИТИЯ ИНТЕГРАЛЬНЫХ НАВЫКОВ

Интегральное образование предполагает внутренние изменения в человеке, смену ценностей, улучшение отношения к людям. Для таких изменений в человеке необходимы иные методы обучения, отличные от простого формального получения знаний.

Давайте разберем принципы эффективного обучения, которые помогут приобрести коммуникативные навыки.

Скорость забывания информации – одна из основных проблем в передаче знаний. Есть «критические моменты», после которых процент оставшейся в памяти информации резко падает, в первые минуты забывается примерно 25% информации, через несколько часов – 50% информации, а через сутки – 75% информации, конечно, это зависит от формы и методов ее подачи. Естественным желанием преподавателя будет сокращение потери информации любыми методами. Если же целью учебы является внутренние изменения ценностей и отношения к ближним, то этот параметр совсем не является важным. Даже наоборот, когда человек выходит с урока пустым, то у него возникает большая потребность в изменении себя. Информация нужна лишь в той мере, насколько у человека есть потребность улучшить себя.

В конце встречи рекомендуется ученикам повторить важные ключевые моменты, сделать короткое резюме в кругу единомышленников. Если занятие проходит в утренние часы, то в течении дня полезно повторить изучаемый материал. Нет домашних заданий, нет тестов и экзаменов. Ведь как можно проверить это сугубо индивидуальное развитие человека – его внутренние изменения?

Многие курсы проходят 1-2 раза в неделю, это совсем не приемлемо для интегрального образования. Учеба должна быть ежедневной. Лучше учиться понемногу, но каждый день.

Есть всем известный педагогический совет: в начале следующего занятия важно коротко повторить то, о чем говорили на предыдущем занятии. В нашем случае все выглядит иначе. Мы никогда не начинаем с повторения, ведь в нашем случае знания второстепенны, главное –чувственный настрой на связь с другими людьми, состояние духа. Взаимный настрой, вот чем надо заниматься в начале встречи.

Специалисты утверждают, что время, потраченное на осознанную практику нового навыка или умения, занимает около 10 лет. Когда же речь идет о внутренних изменениях, то мерить количеством часов профессионализм невозможно. Одно лишь ясно, что совершенству нет предела и работа эта на всю жизнь, а темп будет зависеть только от усилий самого человека. Знания, полученные без усилий, подобны отпечаткам на песке: очень скоро от них не останется и следа. Еще в древних источниках написано, что если человек прилагал усилия и не нашел, не верь, а если прилагал и нашел, то верь. То есть только благодаря усилиям над собой человек совершенствуется. Поэтому необходимо создать ученику все условия для преодоления, усилий. В этом случае помогут ролевые игры, метод кейсов и учебные экскурсии с последующим совместным обсуждением увиденного.

Важность примеров в обучении неоспорима. Мозг в первую очередь запоминает практическую информацию, связанную с безопасностью, питанием и размножением. Поэтому информация должна быть облачена на практические примеры.

Наш мозг не делает различия между тем, что человек делает реально и тем, что он воображает, – активизируются одни и те же нейронные цепочки мозга. Доказано, что, если, например, певцы слушают великих исполнителей, спортсмены видят игру именитой команды, то это повышает их результаты.

Поэтому нам настолько важны примеры из жизни, чтобы представлять себя в более совершенном состоянии.

Для этого необходимо искусственно создать мини-общество, включая семью, в котором все друг другу помогают в достижении цели. Человек в такой среде получает уверенность, и даже при средних данных может успешно обучаться и совершенствоваться. Такое окружение единомышленников должно показывать человеку примеры правильных взаимоотношений в противовес эгоистической реальности.

Лучше всего мы запоминаем информацию, когда учим других. Когда нам предстоит объяснять другим то, что мы сами только что выучили, наш мозг намного лучше усваивает и запоминает информацию: мы не только запоминаем, но и анализируем, сравниваем, творим.

Для развития интегральных навыков очень важно взаимодействие преподавателя и ученика. Связь преподавателя и ученика зависит только от запросов последнего. Человек должен учиться там, где его «сердце» желает. Это важно, ведь учитель и группа единомышленников – это место, где человек должен получать примеры, стремиться совершенствоваться, подражать и по-хорошему завидовать им.

Учитель постепенно должен приводить ученика к самостоятельным выводам. Он должен так искусно объяснять ученику материал, чтобы у него возникало еще больше вопросов. Вопрос должен не отвлекать, а помогать другим ученикам усвоить материал. Вопрос должен быть только по теме, ясный и краткий. Иногда можно задавать вопросы не от желания узнать, а как средство социализации в группе.

Обычно именно ответы на вопросы несут в себе наибольшую информацию. Это необходимо в первую очередь для сближения и сплочения группы. Умение слышать вопросы своих товарищей – это необходимость. Ответ учителя должен настраивать ученика на дальнейший поиск внутреннего развития. Преподаватель говорит то, что ученик желает услышать, но внутри этого ответа скрыта информация, необходимая для постоянного увеличения стремления к выяснению задачи.

Сам процесс обучения и приобретения навыков – это средство изменить, усовершенствовать себя. То есть все навыки, способности, которые мы приобретаем, мы приобретаем с целью изменить себя. И ученику необходимо достичь такого подхода к учебе, чтобы он ощущал себя как в лаборатории. При таком подходе накопление знаний является процессом многоуровневым: прежде всего, усваивается общая картина. Второй этап – подробный анализ каждой детали. Третий этап – соединение всех деталей в общую картину. Получив порцию знаний, необходимо в тот же день их начинать реализовывать на практике в группе с людьми. Это значительно повысит шансы измениться в желаемом направлении. В любом случае надо понимать, что пройдет немало времени пока информация перейдет в чувственное понимание и навык, который вы сможете передать и объяснить другим.

ВОПРОСЫ ДЛЯ САМОКОНТРОЛЯ

- Какова связь между получением знаний и между жизненными навыками и человеческими ценностями?
- Какую технику абсорбции нового материала вы знаете?
- Какой внутренний процесс происходит в человеке, когда он обучается? Что меняется во внутреннем мире человека?

УПРАВЛЕНИЕ СТРЕССОМ

Ученые считают, что сегодняшняя жизнь полна стрессовых ситуаций. Они безусловно правы. Есть даже такой термин «рабочий синдром». Говорят, что в скором будущем врачи будут давать больничный за «выгорание на работе».

Можно предположить, что мы живем в мире помех, и они каждую секунду пытаются вывести наш организм из равновесия. А организм сопротивляется. Он пытается мобилизовать силы, чтобы уравновесить эти давления.

По определению стресс – это мобилизация ресурсов организма для защиты от голода, холода, физических или психических травм.

Так, в чем же причины стресса? Перечислим наиболее частые из них:

- конфликт с другим человеком;
- отсутствие положительных эмоций;
- чувство страха и одиночества;
- чрезмерная физическая активность (или, наоборот, ее недостаток);
- резкая смена окружающей обстановки.

То есть причина любого стресса – это разница между моим желанием удовлетворить себя чем-либо и тем, что я не могу наполниться. Я опустошен.

Какие же есть способы эффективного управления стрессом?!

Таких способов много, важен индивидуальный подход к каждому человеку. Давайте перечислим наиболее популярные методы профилактики и борьбы со стрессом.

- Дыхательные упражнения и медитация. Успокоиться, раствориться в тишине, созерцании, многим это помогает.
- Умеренные физические нагрузки и хороший сон.

- Взаимодействие с домашними животными. Если их нет, то стоит завести.
- Пение в хоре.
- Плач или смех для снижения нервного напряжения.
- Проводить время с близкими, забота о других людях.
- И, наконец, – позитивное мышление. Ведь мысли материальны, и то, что человек «посылает» в окружающий мир, начинает отражаться в его реальности.

Все эти методы хороши для помощи при психологическом и физиологическом стрессах.

А теперь поговорим о стрессе, к которому нужен особый подход. Это целенаправленный стресс или, другими словами, глобальное давление на человечество со стороны природы.

Цель этого давления – ступенчатое, целенаправленное развитие, которое должно привести нас к определенным нормам поведения, новому восприятию мира.

Симптомы целенаправленного стресса – это неопределенность и отсутствие у человека перспективы в будущем.

И тут уже не обойдешься физическими упражнениями и позитивным мышлением. Здесь человеку необходимы знания законов природы, понимание ее тенденций развития. Здесь идет поиск смысла жизни.

Человеку, находящемуся в целенаправленном стрессе, необходимо сильное окружение. Окружение, в котором люди ищут внутреннюю причину происходящего с ними и со всем человечеством. Есть ли какой-то замысел во всем этом давлении, во всех этих ударах природы? Что она нам хочет сказать? Может существует какой-то алгоритм, который нам надо распознать, и тогда все будет хорошо?!

Что касается физических законов природы, то мы начали их понимать и раскрывать на протяжении последних нескольких сот лет.

А вот законы человеческого общежития мы пока никак не можем освоить.

Мы, люди, почему-то считаем, что в нашем обществе не существует строгих законов, и поэтому мы выдумываем свои. И они определяют наш общественный строй, образ жизни.

Сегодня ученые уже нашли связь между нашими отношениями, стрессом и болезнями.

Уверены, в будущем мы увидим четкую связь, как нашими взаимоотношения мы вызываем вирусы, катаклизмы и финансовые кризисы.

Вы спросите, а как это связано со стрессом?

Дело в том, что, как говорилось ранее, именно наши негативные, эгоистические отношения являются причиной всех стрессов.

Мы своим поведением не соответствуем гармоничным законам природы, и она пытается давлением вернуть нас к равновесию.

Если посмотреть вокруг, то можно заметить, что гармония существует на всех уровнях природы... Кроме человеческого общества.

Основной закон живых организмов – закон связи, взаимного поручительства.

Где мы находимся относительно этого принципа? Думаю, объяснения излишни.

На животном уровне равновесие достигается инстинктивно...

На человеческом уровне – человеку самому необходимо себя уравновесить. И делается это через окружение.

Равновесие – это правильная осознанная коммуникация между людьми. Да-да, только человеку, как венцу природы, дана возможность осознанно и целенаправленно сотрудничать и объединяться с другими людьми. Наш организм «запрограммирован» самой природой на прочные и хорошие социальные связи, на близость к окружающим, и его нормальная работа во многом зависит именно от этого.

Так что нам придется выбирать: или усиливающиеся стрессы и давления, или сотрудничество, взаимное поручительство, объединение.

ВОПРОСЫ ДЛЯ САМОКОНТРОЛЯ

- Какое бы вы дали определение стрессу?
- Каковы причины стресса?
- Какие способы управления стрессом вы знаете?
- Что такое целенаправленный стресс?
- Существует ли связь между человеческими отношениями, болезнями и стрессом?
- Стресс может быть вызван различными обстоятельствами, но самое страшное для человека – это стресс, вызванный отторжением общества. С чем это связано?
- Является ли стресс заразным?
- Исследования показывают, что молодые люди больше подвержены стрессу, чем взрослые. Согласны ли вы с таким утверждением?
- Всем известно, что одиночество вызывает стресс, а может ли возникнуть стресс от чрезмерного общения с людьми?
- В эпоху мировой пандемии многие люди находятся в стрессе, чтобы вы могли им посоветовать из личного опыта?
- Может ли поиск смысла быть эффективным методом в борьбе со стрессом?

ВИДЫ КОНФЛИКТОВ И СПОСОБЫ ИХ РЕШЕНИЯ

Конфликт – это отсутствие согласия между двумя или более сторонами. Конфликты существуют между цивилизациями и государствами, между культурами и религиями, да и в самом человеке хватает различных противоположностей.

Конфликты подстерегают нас где угодно: в школе и на работе, в магазине и в общественном транспорте и даже дома. Вся природа построена на конфликтах – на взаимодействии двух противоположных сил, плюс и минус, черное и белое, добро и зло. Поэтому нам необходимо понять, что конфликты будут всегда и везде. Умение распознать и нейтрализовать конфликтные ситуации является очень важным жизненным навыком для любого человека.

ВИДЫ КОНФЛИКТОВ

- **Конфликт целей.** Это ситуация, когда стороны по-разному видят цели деятельности и, в связи с этим, отстаивают различные интересы. Именно с такими конфликтами чаще всего приходится встречаться руководителю.
- **Конфликт во взглядах.** Это ситуация противоречия во взглядах, идеях и мыслях по решаемой проблеме. Разрешение таких конфликтов требует большего времени и проходят очень болезненно.
- **Эмоциональный конфликт.** В этом случае люди просто вызывают друг у друга раздражение своим поведением, стилем общения. Такие конфликты труднее

всего поддаются разрешению, так как в их основе лежит личная неприязнь.
- **Внутриличностный конфликт.** Чаще всего его можно определить как конфликт чувства и долга, желаний и возможностей. В человеке одновременно существуют противоречивые мотивы и взаимоисключающие цели, с которыми он в данный момент не в состоянии справиться, т.е. выработать приоритеты поведения, основанные на них. Например, будучи хорошим семьянином, человек стремится проводит вечера дома с детьми, а положение руководителя может обязать его задерживаться на работе и часто ездить в командировки.
- **Межличностный конфликт.** Столкновение интересов разных людей. Это наиболее распространённый вид конфликтов. Ограниченность ресурсов, денежные средства и другие необходимые блага являются основной причиной такого вида конфликта.
- **Межгрупповой конфликт.** Это может быть конфликт между представителями различных социальных категорий, религиозных конфессий и национальных групп. Примером может быть какое-либо святое место, которое одинаково важно для каждой группы людей.

Конфликты бывают конструктивные и разрушительные, негативные.

Независимо от вида конфликта, главное усвоить, что это – необходимое условие развития человека как личности и человечества в целом.

Причинами конфликтов могут быть слова, какие-то действия или бездействие.

Например, недостаток информации, ее сокрытие или прямой обман.

Появление в коллективе особой «таинственности», каких-то секретов, перешептываний, переглядываний, смешков могут вызвать конфликты. Причинами конфликта могут стать недостаток или избыток внимания, потребность в общении или потребность уйти от общения. Конфликтогенным может быть излишнее стремление навязать свое общество, взаимозависимость, распределение ресурсов и так далее

Есть тысячи причин для споров и конфликтов, и самое главное... как только люди начинают стремиться к единству, сближаться, строить связи, так сразу же проявляются разногласия, недопонимание, отторжение, противоречия.

Такова наша природа! И это факт – чем больше коммуникация между людьми, тем более они подвержены конфликтам. Но зато, когда мы решаем эти конфликты, они служат как бы ступенькой для более крепких и здоровых связей. И еще один важный факт, связанный с причиной конфликтов – люди конфликтуют потому, что им важна цель, ради которой они взаимодействуют. Если нет конфликтов в коллективе или семье – это свидетельствует о безразличии, об отсутствии связи.

Не следует относиться к конфликту как к чему-то негативному, если он является стимулом для развития личности, подталкивает к работе над собой, способствует сплочению с другими людьми. Но стоит избегать негативных конфликтов, цель которых разрушать связи и отношения. Поэтому так важно научиться распознавать виды и причины конфликтов, а также обрести навыки правильного подхода к их решению.

СПОСОБЫ РЕШЕНИЯ КОНФЛИКТОВ

Возникновению любого конфликта всегда предшествуют какие-либо обстоятельства. Знания причин конфликта, а также правильно выбранная стратегия решения помогут вам избежать противоборства. Есть несколько способов решения конфликтов. Давайте разберем некоторые из них.

Противоборство, когда участники пытаются заставить друг друга принять свою точку зрения без всяких расчетов с интересами другого. Обычно такая стратегия приводит к ухудшению отношений между конфликтующими сторонами. Мы часто наблюдаем это явление между политическими лидерами, особенно перед выборами.

Соперничество целесообразно в экстремальных ситуациях, когда нет другого выбора и нечего терять, или вы никак не дорожите отношениями с конфликтующей стороной. Решением в такой ситуации может быть рекомендация вступать в конфронтацию с проблемой, а не друг с другом.

Избегание – это стратегия выйти из конфликта при минимальных потерях. Применяется после неудачных попыток более активных действий, а также при отсутствии времени и нежелании решать проблему вообще.

Приспособление используется, когда человек отказывается от собственных интересов, готов принести их в жертву другому, пойти ему навстречу. Это происходит как следствие необходимости сохранить хорошие отношения с оппонентом или при понимании собственной неправоты, или же исход дела не важен участника конфликта. Здесь рекомендуется задать себе вопрос: «А могу ли я жить с этим?»

Компромисс – очень распространённый метод решения конфликтов. В этой ситуации одна сторона принимает точку зрения другой, но лишь до определённой степени. Поиск приемлемого решения осуществляется за счёт взаимных уступок, отказом от части требований. Способность к компромиссу может впоследствии привести к неудовлетворенности из-за своей половинчатости и стать причиной новых конфликтов.

Сотрудничество является наиболее действенной стратегией в решении конфликтов, при этом:
- участники признают право друг друга на собственное мнение;
- есть время и желание проанализировать причины разногласий и найти приемлемый выход;
- решение важно для обеих сторон.

Выбор стратегии выхода из конфликта зависит от различных факторов. Обычно они указывают на личные особенности оппонента, уровень нанесенного ему ущерба, наличие ресурсов, возможные последствия конфликта.

Все же, если смотреть на решение проблемы в долгосрочной перспективе, то необходимо дать конфликтующим сторонам предварительные знания о природе, происхождении и цели конфликтов в соответствии с развитием всего человечества.

После такой информации или образовательного профилактического курса можно приступать к решению проблемы. Мы вас уверяем, она будет решена на совсем другом уровне. Высший пилотаж – когда обе стороны не уступают, не противостоят и не избегают друг друга, а наоборот используют конфликт для более сильной связи. То есть индикатором решения будет не просто удовлетворенность обоих сторон, а большее сплочение над всеми разногласиями между ними.

Как говорилось ранее, наиболее частыми являются межличностные конфликты.

ОСНОВНЫЕ ПРИНЦИПЫ РЕШЕНИЯ КОНФЛИКТНЫХ СИТУАЦИЙ В СООБЩЕСТВЕ

- Операционный состав действий – оценка ситуации, сбор информации, выбор стратегии, реализация и оценка эффективности действий. Очень важно, чтобы в самом начале конфликта обе стороны понимали к какому конечному результату им необходимо прийти.
- Все, что происходит, должна решать сама группа, практически без внешнего вмешательства. Они должны собраться вместе и представить себе состояние, когда конфликт будет разрешен. И затем, из этого конечного состояния выбирать стратегию прихода к этому состоянию.
- Каждый считает себя ответственным за конфликт, который возникает в сообществе.
- Никогда не приступать к решению конфликта прежде, чем начали процесс сближения между конфликтующими сторонами без всякой связи с конфликтной ситуацией. Этот предварительный этап очень важен. После него можно приступать к разбору самого конфликта.
- Отделение людей от проблемы. Будьте твердыми к проблеме и мягкими к людям.
- Поставьте себя на место оппонента. Внимание к интересам, а не к позициям.
- Предлагайте взаимовыгодные варианты и не ищите единого решения проблемы.

Мы перечислили принципы, чтобы на самом деле научиться работать с конфликтами, необходимо этому серьезно и постоянно обучаться. У нас не существует природных навыков к решению конфликтов, их придется приобретать. Здесь главное –

практика, понимание причин возникновения конфликтов и конечной цели.

ВОПРОСЫ ДЛЯ САМОКОНТРОЛЯ

- Какие существуют виды конфликтов?
- Что является основой конфликтов?
- Какие существуют методы решений конфликтных ситуаций?
- Вы можете посоветовать, как определить точку невозврата, после которой уже точно начнется конфликт?
- Как определить, что конфликт решен?

МЕТОДЫ ПРИНЯТИЯ РЕШЕНИЙ

Принятие решений очень трудоемкий процесс! В принципе, решения принимаем мы всегда, из этого складывается вся наша жизнь: решения относительно себя, решения в семье, решения на работе, глобальные жизненные решения. Можно сказать, что вся наша жизнь – это процесс принятия решений. Что же является решением? Какие методы принятия решений существуют? Давайте разберемся.

Первый метод – использовании силы привычки. Например, вы решаете, что едите на обед салат, это становится привычкой и вам не надо уже решать каждый раз.

Второй метод предполагает применение заранее разработанного алгоритма «если \ то». Например, если я лектор и студент опоздает на лекцию на 5 минут, то… я ему сделаю замечание или не разрешу войти в класс.

Третий метод принятия решений: воспользуйтесь секундомером, например, в течении 1 минуты вам надо принять решение.

Один из распространенных методов – метод коллективного принятия решения путем голосования. Решение принимается большинством. Есть более сложный вариант, когда все 100% участников должны быть согласны с одним решением.

Как же правильно принять решение, особенно если оно рискованное?

Первый этап – это оценка риска. Здесь всегда необходимо руководствоваться такими параметрами как благо общества, жизнь многих людей. Обратите внимание, это очень сложная морально-этическая задача, которая требует от вас определенного уровня свободы и ответственности.

Второй этап: вам важно понять собственный мотив при принятии сложного решения. Что именно побуждает вас к этому решению? Реально этот мотив столь важен, что вы готовы к такому риску? А можете ли вы жить с этой проблемой без ее решения? Это сложные вопросы и на них необходимо ответить на данном этапе.

Третий этап – это холодный расчет. Нужно абстрагироваться чувственно от данной проблемы, насколько это возможно. Но все же помнить, все, что вы делаете – эгоистично. Наше желание абсолютно эгоистично, даже, если мы хотим быть полезным этому миру.

За любым нашим решением стоит личная выгода, хотя порой она скрыта и очень замаскирована от нас самих. Возможно, вы еще не задумывались о том, что всегда в любой ситуации мы действуем благодаря нашим скрытым выгодам. Даже если мы преследуете добрую цель, за этим всегда будет скрыт эгоизм. Мы понимаем, что это наша природа, наше естество, такими нас создали, и все же для принятия рискованного решения необходим холодный разум.

Четвертый этап – непосредственное принятие решения. Как только вы приняли решение, все остальные колебания отгоните прочь. Не сомневайтесь, даже если этот выбор будут осуждать.

И все же, почему так сложно принимать решения? Большинство людей вообще не умеет и не может принимать решения. В чем причина? И почему вышеперечисленные методы в большинстве случаев многие не смогут применить на практике?

Вот несколько советов, которые проверены веками и собраны специально для вас. Чтобы увеличить эффективность принятия решений можно придерживаться следующих советов, конечно, в зависимости от уровня задач.

Первый совет – не принимать интуитивные решения, не полагаться на свой личный «внутренний голос». Все решения принимать только в коллективе, который будет потом выполнять это решение. Чтобы оно было согласовано со всеми. Тут, конечно, необходима внимательная работа с информацией по проблеме, анализ внешних условий, контроль на всех стадиях и этапах принятия решения. Ну, и самое главное, – распределение функций и ответственности в коллективе.

Второй совет: необходимо понимать, что любая задача или проблема – решаема. Нет задачи, которую невозможно решить. Вся природа детерминирована и подчиняется четким, абсолютным законам, только от нас людей это в большинстве случаев скрыто!

Альберт Эйнштейн говорит: «Невозможно решить проблему на том же уровне, на котором она возникла. Нужно стать выше этой проблемы, поднявшись на следующий уровень». А следующий уровень – это наше единство, наши связи, людская общность. Поэтому в коллективе единомышленников всегда можно принять верное решение. Ведь тенденция природы сближать и интегрировать все системы, поэтому лучше следовать за большинством.

Все мы не раз слышали о коллективном разуме, мудрости толпы, и действительно существует «Высший» разум. Высший – это не наверху, имеется ввиду информация о всех наших состояниях и этапах развития. Подключившись к ней, мы всегда сможем найти правильное решение поставленной задачи. Кстати, искусственный интеллект никогда не сможет этого сделать, поэтому и не заменит людей в принятии особых решений, где необходима взаимосвязь между всеми членами команды.

Человек – это сложная система, состоящая, условно говоря, из сердца и разума. И мы не можем руководствоваться только разумом, пренебрегая сердцем, и наоборот. Нам надо уравновесить эти две части системы, тогда мы сможем принимать правильные решения. А это возможно в коллективе при длительном образовательном и воспитательном тренинге. Когда человек учится правильной коммуникации, настраивает себя относительно других и в какой-то момент раскрывает всеобщую связь или гармонию, именно там он и находит решение.

Еще очень важный совет: никогда не сожалеть о принятом решении. Это проявление непонимания человеком системы, в которой он находится. Можно откладывать принятие решения, но после принятия все остальные колебания отгоните прочь. И, кстати, хорошее чувство после принятия решения не указывает на его правильность.

Физическое здоровье человека влияет на принятие им решений. Человек должен быть более-менее здоров, то есть уравновешен морально и психически, желательно быть в хорошем настроении. И тогда он способен принимать правильные решения.

В заключении хочу сказать, что верное решение всегда находится на следующей ступени. Когда человек должен подняться над своим узким эгоизмом, над своими личными интересами на следующую ступень – именно там находится верное решение. Техника принятия решений – постоянно себя отменять во имя коллективного общего решения, когда так поступает каждый, при этом высказывая свое мнение, и так постепенно приходят к общему решению. И оно уже будет на другом уровне.

ВОПРОСЫ ДЛЯ САМОКОНТРОЛЯ

- Какие методы принятия решений вы знаете?
- Как увеличить эффективность принятия решений?
- Как вы думаете, в каких ситуациях человек может принимать решения один, а когда только в коллективе?
- Как вы думаете, какие решения может принимать искусственный интеллект, а какие – только человек?

- Что препятствует принятию правильного решения?
- Что вы посоветуете человеку, который принял ошибочное решение и теперь сожалеет. Как исправить прошлое?
- Может ли хорошее чувство после принятия решения указывать на его правильность?
- Как вы считаете, нужно ли учить человека принимать решения, или это – естественный природный навык, следствие воспитание и образования человека?

МЕТОДИКА КРУГЛОГО СТОЛА

Метод Круга – древний способ разрешения конфликтов. Наши предки собирались вокруг костра так же, как сегодня мы собираемся за символическим Круглым столом. Это были миротворческие встречи, обсуждались спорные вопросы. И решение принимали для всеобщего блага.

Известно, что во времена Синедриона мудрецы сидели в виде разомкнутого круга. Великий мудрец Раши (коментатор Талмуда) написал: «сидели в виде полумесяца в любви и дружбе, как одно целое, где никто не подозревает другого, поскольку видели друг друга, слышали друг друга, спорили друг с другом, пока не выходило правильного постановления...»

И мы тоже не настаиваем на круглых столах, и говорим больше о Кругах. Почему Круг? Работая в Круге, его участники приходят к ощущению и пониманию, что можно успешно сосуществовать друг с другом, не подавляя, а дополняя другого.

Постепенно вырисовывается некая общая объединяющая их платформа, нечто соединяющее и питающее, наполняющее всех присутствующих. Это и есть начало ощущения интегральности, т.е. такой формы общества, в которой все его члены взаимосвязаны, и, понимая слабости друг друга, уважают и дополняют других. Будучи изначально совершенно разными, даже диаметрально противоположными, при работе в Круге мы выявляем такой общий знаменатель, который хотя и является средним для всех нас, обладает очень большой мощностью и позволяет решать проблемы, до этого казавшиеся неразрешимыми.

Как же нам реализовать эту методику?

Система начинает работать, когда мы объединяемся в маленькие группы. Сначала нам надо почувствовать друг друга, не торопитесь решать проблемы сразу, не получится. Я слышу других, они слышат меня, и мы стараемся так взаимодействовать, стараемся искренне говорить о том, что волнует, задача очень важная, – стать ближе друг другу, несмотря на наши различия. Видим путь, который прошел другой человеком, а также чувствуем, что другие уважают наш путь. И мы меняемся.

Почему это происходит? Потому что Круги, соответствуют законам природы. В природе ведь уравновешены и гармонично взаимодействуют противоположные силы – плюс и минус, получение и отдача. А на уровне человека – это – добро и зло. Так, Круг становится творческой лабораторией, мастерской, в которой зарождается новое окружение.

Что происходит? Атмосфера внимания и тепла в группе позволяет «обмануть» персональный эгоизм. Он чувствует выгоду от совместной работы. Мы играем в идеальный коллектив и в результате приходим к принятию совместных решений и ощущаем группу, как семью.

Что же требуется, чтобы создать «правильный» круглый стол?
- Оптимальное количество участников (около 10).
- Выбор проблемы или темы для обсуждения.
- Участники сидят «лицом к лицу», что способствует максимальной вовлеченности в дискуссию.
- Ведущий очень важен! Он владеет искусством создания доверительной атмосферы и поддержания дискуссии.

ДЕСЯТЬ ПРАВИЛ КРУГЛОГО СТОЛА

1. Равенство и важность каждого участника. Говорим кратко, чтобы успели высказаться все.
2. Только одна общая тема для обсуждения.
3. Важно, чтобы сказал каждый, добавляя к общему решению.

4. Важно слушать и слышать других, говорим по очереди, внимательно слушая говорящего.
5. Отсутствие споров, критике и оценок.
6. Отсутствие диалогов между отдельными участниками, все дополняют общую тему.
7. Поднимаемся над отторжением и раздражением к тому, что нас соединяет
8. Избегаем лозунгов и клише, говорим искренне.
9. Принимаем решение вместе, соединяя личные мнения в коллективные.
10. Цель Круга – создать атмосферу единства и поддержки для принятия общего решения. Из такой атмосферы приходят лучшие результаты и решения.

Если мы постараемся выполнить эти 10 правил, то произойдет чудо, – мы сумеем принять совместное решение единогласно! Исходя из «точки» взаимопонимания и единства, которая будет создана в Круге. «Точка» эта рождается в конце беседы, когда личные мнения всех участников аккумулируются в общее мнение.

Очень важно то, что мы ставим перед собой возвышенную и благородную задачу – создать общее поле заботы, тепла, уверенности и поддержки. И тогда, создав атмосферу единства, мы придем к единственно правильному решению. Почему круглый стол «работает»? Он помогает воссоздать теплые отношения, которые первоначально создала между людьми сама природа. Эти отношения со временем были разрушены нашим растущим эгоизмом.

Круглый стол переводит людей из состояния «я» в состояние «мы». Он позволяет нам отведать вкус другого мира, ведь в нашем обычном мире каждый доказывает свою правоту, а тут появляется понятие «мы», когда каждый может без опаски выражать свою точку зрения, зная, что ее услышат и примут во внимание. И мы вдруг начинаем проникаться особой силой, которую не объяснишь словами. И уже не хочется возвращаться к прежнему образу действий. Что это за сила такая?! Природа нам помогает! Мы словно подтягиваемся к ее законам, и она приходит к нам на помощь.

Как же мы достигаем подобия законам природы? Мы играем. Как ребенок растет играя, так и мы, взрослые. Мы развиваемся именно в игре. И это не странно. Мы же так и живем, постоянно играя. Поэтому и говорим: «Что наша жизнь? Игра». Люди играют в игры на протяжении тысячелетий. Мы переиграли миллионы, миллиарды ролей… Мы играем в футбол, в шахматы, в любовь… Именно игра помогает формировать наше следующее состояние, которое мы разыгрываем, связываясь друг с другом.

Единственный вопрос: в какую игру мы играем? В мнимую эгоистическую, навязанную обществом? Продвинуться по работе, угодить, заработать… Или в реальную игру, чтобы приблизиться к Законам Природы, – к гармонии, единству… и так, плавно войти в интегральный мир.

Игра – важнейший элемент круглого стола. В игре мы вынуждены действовать непривычным для себя образом. Она бросает вызов нашим способностям. Она помогает формировать модель будущего. Дает возможность менять атмосферу среди участников: с серьезного настроя на раскованный, с рассеянности на сплочение, с усталости на бодрость, с прохладных отношений на тепло и волнение.

В игре раскрывается человек, ему хорошо, есть взаимопомощь, сотрудничество с другими, и он расцветает. И мы получаем и удовольствие, и успех. Именно играя, мы можем энергично и радостно выполнить любую задачу.

А после этого надо обязательно поделиться своими впечатлениями. Отрефлексировать. Именно рефлексия учит тому, как стать здоровой клеткой социального организма. Рефлексия – это осмысление пройденного процесса. Главная задача рефлексии – проанализировать деятельность Круга. Трансформировать чувства и впечатления в смысловой итог. Рефлексия прокладывает мостик к следующей встрече. Практически рефлексия может оказаться важнее самого опыта. Без общего вербального разбора пройденных этапов, игра или обсуждение в Кругу не запечатлятся как значительные переживания и, возможно, будут забыты.

Когда проводится рефлексия? Рефлексию можно провести в любой момент мероприятия. Ключевое правило таково: чем существеннее для группы задача, которая решается, тем больше времени необходимо уделить рефлексии.

Рефлексия проводится согласно правилам Круга: каждый по кругу, по очереди вкратце высказывает свою точку зрения по поводу завершенного этапа. Не отрицая, не отвергая предыдущие выступления, лишь дополняя их по мере сил.

Задача – создать среди участников общую картину. И потому, каждый должен понимать, что его личное мнение – это только один ракурс из множества. Проводя рефлексию, мы назначаем секретаря, который записывает слова участников. Модератор направляет Круг четкими вопросами.

Подведем итог. В наших Кругах мы восстанавливаем разорванные связи, создаем новые. Именно ощущение связанности – самый важный результат Кругов Потому что так раскрывается нам новый взаимосвязанный мир. И мы понимаем, что мир, в котором мы живем сегодня, он потому и парадоксален, что не связан. Человечество выбрасывает продукты питания и одновременно умирает с голода, развивает медицину и совершенствует оружие. Одно действие противоречит другому! И насколько все приобретет логику, если поменять эгоистическое мировоззрение на интегральное! Именно этого мы и добиваемся в круглых столах.

Мы меняемся, используя методику круглых столов. Начинаем понимать другого, сочувствовать, быть взаимосвязанными, уважать мнение другого, мы уже не чувствуем себя одинокими, изолированными, поэтому и проблемные вопросы решаем сообща, не в борьбе эгоизма, быстро, качественно решаем.

То, что нам раньше казалось невыполнимым, вдруг открывается возможность решить. И это не чудо. Это результат интегральности, связи, которая возникла за круглым столом между людьми и природой, которая только и ждет, чтобы мы стали такими. Появятся средства, чтобы перейти к нормальному потреблению, которое обеспечит насущные потребности всех людей. Высвободятся время и ресурсы. Люди смогут реализовать свой личный и общественный потенциал, живя гармоничной жизнью.

Интегральное образование и воспитание – вот что жизненно необходимо сейчас! Без этого наше будущее просто невозможно! Не захотим соединиться в доброй связи – природа заставит. Так стоит ли ждать новых ударов?

Польза от Кругов очевидна. Круги приводят к пониманию, доверию, сочувствию, любви, а также к большему осознанию того, насколько мы все взаимосвязаны. И чем больше таких нематериальных результатов порождают Круги, тем легче людям получить и более материальные результаты: соглашения, планы действий или совместные проекты. Таким образом, Круги – это не поиск быстрых решений проблем, а содействие глубоким, существенным изменениям. Анализируя наш собственный опыт и опыт других людей, мы можем перечислить следующие значительные преимущества Кругов.

ПРЕИМУЩЕСТВА ПРОЦЕССА КРУГОВ

Налаживает отношения

Начиная с восстановления разорванных связей и заканчивая созданием новых, налаживание взаимоотношений является самым важным результатом Кругов. Достижение консенсуса и нахождение новых решений являются ценными результатами, однако они не настолько ценны для примирения, как создание глубокого ощущения связанности.

Разрушает изолированность

Чем больше люди чувствуют связь между собой, тем меньше подвержены они изоляции. Ощущение собственной изоляции лишь осложняет ситуацию, поскольку оно отделяет нас от наших ресурсов, необходимых для решения проблем как внутри нас, так и в наших семьях и коллективах.

Способствует открытости диалога

Встреча людей, собравшихся вместе без социальных ролей и враждебности, дает участникам возможность рассматривать проблему сообща, а не в противостоянии друг другу. В Кругах люди часто забывают о разногласиях и обидах ради того, чтобы найти решение, которое соответствовало бы всеобщим интересам.

Повышает общечеловеческие ценности

Круги способствуют смене внешней мотивации на внутреннюю. Когда желание измениться основывается на базовых ценностях личности – это эффективнее, чем любые внешние поощрения и наказания. Мы учимся поступать в соответствии с нашими важнейшими ценностями: уважением, доверием, честностью и взаимным поручительством.

Создает условия для принятия человеком ответственности за свои действия

Круги признают ценность каждого человека независимо от того, какие поступки он совершил ранее. Поскольку Круги относятся ко всем с уважением в равной степени, то вопрос достоинства и ценности личности там не обсуждается. Люди чувствуют безопасность, что приводит к признанию ответственности за свое поведение и к уверенности, что другие не будут использовать открытость против них или относиться к ним хуже после Круга.

Содействует совершенно новому способу решения проблем

Когда мы одиноки, мы не видим бесчисленных возможностей, нам кажется, что у нас их очень мало или нет совсем. Круги собирают различные точки зрения, что содействует творческому подходу в решении проблем. Также они способствуют появлению альтернативных решений, которых люди, находящиеся в кризисной ситуации, ранее не могли себе даже представить или считали невозможными.

Методика Круга работает с корнем проблемы

В процессе обсуждений по мере чувства взаимного доверия и ответственности, участники начинают осознавать, что конфликты и помехи – это симптомом более глубоких внутренних проблем, связанных с природой человека. Чем больше мы выясняем подобные глубинные причины, тем эффективней будет долгосрочный результат, к которому мы придем в процессе обсуждений.

Формирует системное видение

Мы живем во взаимосвязанном мире и нам необходимо мыслить системно. Поэтому только системное видение помогает приступить к решению любой задачи.

Вывод: метод Кругов не только эффективное средство для общения, принятия решений, разрешения конфликтов, но и является основой для создания общества будущего!

ВОПРОСЫ ДЛЯ САМОКОНТРОЛЯ

- Какова основная цель круглых столов?
- Какие из правил круглого стола вы знаете?
- Почему круглый стол «работает»?
- Какие преимущества Кругов вы можете перечислить?

РУКОВОДСТВО ПО СОЗДАНИЮ КОМАНД

Команда является группой людей, которые объединены общими задачами и целями. Люди создают спортивные команды, чтобы победить в играх, бизнес-команды, чтобы заработать деньги, сообщества, чтобы проводить время по интересам, духовные, религиозные группы создаются, чтобы укрепиться в вере. Таким образом, команда является средством для достижения определенной цели.

ЭТАПЫ ФОРМИРОВАНИЯ КОМАНД

На первом этапе нет связи между членами команды, каждый занят своими проблемами и потребностями. Поэтому вначале необходимо познакомить всех членов группы друг с другом и объяснить им цели формирования команды, откуда исходит необходимость быть в команде.

При формировании команды применяется очень важный принцип: в основе лежит развитие в себе желание ощущать и использовать интегральную силу объединения. Потому члены команды подбираются не по подобию общих признаков – образования, социального положения, ментальности и прочего. Наоборот, хорошо, если в команде будут люди с разными свойствами. Тогда члены команды будут дополнять друг друга, и объединяться на основе только одного принципа – развивать в себе желание ощущать и использовать интегральную силу объединения.

Где-то здесь необходим переход от понятия команды для житейских целей к созданию команды единства, передающей знания другим. Не хватает связки. Здесь и далее под следующим заголовком идет переход к более глубокому изложению принципов каббалы – добавить переходные объяснения?

Первый этап обучения – это создание теплых отношений, понимание тенденций и законов природы, осознание сущности свойства единства, понимание и ощущение взаимосвязи между членами группы.

Второй этап развития команды – это ощущение утраты связи. Возникают конфликты и разногласия при обсуждениях актуальных жизненных вопросов. И на этом этапе важны общие обсуждения, чтобы люди могли совершенно спокойно и откровенно выражать себя. На данном этапе участникам необходимо глубже познакомиться со своей природой и осознать свое эгоцентрическое поведение. Необходимо изучение эгоизма на примерах неживой, растительной и животной природы, и в особенности на уровне человека. Рассматривать разрушительную силу эгоизма и на примерах людей в окружающем мире, и на примерах взаимоотношений в группе. Это самоанализ, которым люди должны владеть: извлекать какие-то уроки из прошлого и настоящего, описывать их, понимать собственные мотивы.

Третий этап – это уже непосредственно формирование группы. Члены группы определяют правила и нормы, которые будут регулировать дальнейшую их деятельность. Необходимо создавать позитивный микроклимат и культивировать командный дух. В команде всегда должны царить тёплые и дружественные отношения, ведь команда является практически семьёй. А это, в свою очередь, говорит о том, что к команде относятся и семейные ценности, такие как взаимопомощь и готовность сделать многое раду другого.

Четвертый этап – построение окружения и функционирования команды. После того как мы прошли и усвоили все принципы формирования команды, а потом чувственно ощутили их через какие-то упражнения, мы можем говорить об этапе взаимной поддержки развития в каждом члене команды желания ощущать и использовать интегральную силу объединения.

На этом этапе люди уже должны ценить общество. Они понимают, что общество – это лаборатория, инструмент, который меняет свойства человека, раскрывая качества и наклонности, заложенные в нем в потенциале. Только команда может вызвать в нем положительные эмоции, изменить состояние, улучшить поведение и привести в порядок мысли.

Команда – это сеть связей, словно живой сверхорганизм, где сама команда больше, чем сумма личностей. Это не искусственно созданная организация, а природная модель. И если правильно подключиться к ее полю, как мы подключаемся к сети интернет, то команда станет проводником всех положительных воздействий на ее членов.

Пятый этап – деятельность. Ощущение необходимости передать знания другим.

На финальном этапе формирования команда уже представляет собой единое целое, эффективно организована и способна достигать необходимых целей. На этом этапе необходимо готовить из всех членов команды интеграторов, чтобы они в дальнейшем сами могли создавать такие команды. Ведь продукт, который они создают, его нельзя просто передать остальным, необходим процесс обучения. Команда понимает, что решение всех проблем кроется только в единстве. Это новое, глубокое понимание должно обязывать их к действиям ради общего блага.

ПРИНЦИПЫ ФОРМИРОВАНИЯ КОМАНДЫ

- Необходимо постоянно поддерживать важность встреч, понимание, что только вместе можем достичь любой цели. Очень важно активное присутствие на каждой встрече, а также стараться дополнительно участвовать во всех командных мероприятиях.

- Работать над созданием равенства. Мы явно видим, что все мы разные, у всех разный потенциал. В чем же равны члены команды? Находясь вместе, работая на одну цель – на объединение, – относительно цели каждый становится равным другим в меру вложенных усилий и способностей, данных ему от природы. Поэтому между нами нет младших и старших, удачливых и неудачливых. Ведь все мы стараемся объединиться. Сколько каждый может приложить усилий к объединению, столько и прилагает. Равенство проявляется в том, что каждый отдает в меру своих физических, внутренних, нравственных возможностей и в соответствии с этим получает. Все получают из того, что прилагают усилия.

- Необходимо бережно относиться к личности каждого члена команды, **чтобы он не утратил своей индивидуальности.** Индивидуальность каждого может проявляться именно в том, что он старается максимально вложиться в группу, в ее объединение. В любой команде должен быть ответственный дежурный за поднятие мотивации, настроения и общего духа в команде. Каждый может проявить свою особенность и данные ему природой свойства, чтобы поднять общий дух команды.

- Наилучшим средством взаимодействия с членами команды является личный пример. Постоянно поощрять любые действия к сплочению команды. Здесь важно нарочито показывать свои намерения и действия, а не «скромничать». Каждый обязан показать другому свое уважение, усилие выслушать, понять, потому что тем самым он подает ему пример того, как относиться к нему в ответ.

- Каждый участник должен стараться установить внутреннюю связь с другими членами команды. В итоге, постепенно члены команды сближаются друг с другом, чувствуют желания и внутренние состояния друг дуга, проявляют взаимную заоту и поддержку.
- Каждый судит о другом человеке в меру своей испорченности. Это очень древний принцип. В тот момент, когда человек явно видит недостатки другого, что может вызвать в нем понимание, что это его неисправленное восприятие? Только лишь общественное мнение. Если все вокруг него понимают, что каждый видит в другом свои недостатки, свою испорченность, тогда и он начинает постепенно понимать, что это именно так, и он видит собственные свойства в других. Так человек начинает менять свое отношение к другим.
- В команде пресекаются всякие виды сплетен и слухов, даже критика возможна только в установленное заранее время, при особой подготовке. Лучше всего на первых этапах становления команды высказывать критику не напрямую, а через ответственных. Вообще лучше определить заранее границы, т.е. определить темы, о которых мы знаем заранее, что они могут возбуждать конфликты, и не переходим на их. Например, национальные, религиозные или семейные темы. Необходимо быть ответственным за каждое слово, произнесенное в команде, и помнить, что мыслями и действиями мы воздействуем на всю группу. Легкомыслие вредит больше всего

и убивает все попытки построить правильные связи, мешает сплоченности коллектива.

- Необходимо обеспечить поддержание командного духа. При встречах стараться подниматься над своими чувствами и взаимодействовать с участниками команды невзирая на свое истинное состояние, то есть играть в то состояние, к которому мы хотим прийти. Игра в более совершенное состояние вызывает на нас силы, которые нас изменяют. Здесь хорошо работает правило «привычка становится второй натурой». Главное подготовка. Если возникают конфликты, необходимо обговорить их. Спокойно смотреть на все такие эксцессы, как на необходимые этапы при построении коллектива. Тут особо необходимо влияние окружения. Сама методика заключается в том, чтобы моделировать правильные связи, описывать их и любыми средствами пытаться прийти к этим связям. Надо понимать, что мы все время растем и постоянно генерируем всё новые уровни интегрального взаимодействия.

- Не рекомендуется иметь денежные отношения с членами команды, брать взаймы, получать услуги. Все мы находимся в процессе построения теплых связей, и денежные отношения могут внести нежелательные конфликты. Это важное условие, если вдруг два человека вошли в денежный контакт, то это уже не группа, между ними уже нет товарищеских отношений. Если я – начальник, он – мой подчиненный, мы уже не можем быть в одной группе, уже отсутствует основной принцип равенства. Ранее написано: Круглый стол переводит людей из состояния «я» в состояние «мы», без различий по признакам возраста, положения и тому подобное Возможно, сказать, что в начале важно не смешивать командную работу и материальные отношения?

- Развивать чувство взаимной ответственности, поручительства относительно команды. Если не я, то кто? Если не сейчас, то когда? Каждый должен стремиться быть интегратором, понимать, что единство команды зависит от него. Это самый важный принцип, его надо культивировать постепенно.

ВОПРОСЫ ДЛЯ САМОКОНТРОЛЯ

- Что такое командообразование?
- Каковы этапы формирования команды?
- Как создать успешную команду? Перечислите основные принципы.
- Что может разрушить команду?
- Команда – словно отдельное живое существо, сеть связей, в которой команда больше, чем сумма личностей. Вы согласны с таким утверждением?

ИНФОРМАЦИЯ ОБ АВТОРАХ

Михаэль Санилевич – преподаватель и лектор с более чем двадцатилетним стажем. Разработчик курсов дистанционного обучения. Десять лет педагогического стажа в Колледже национальной безопасности Израиля для высшего командного состава.

Исполнительный директор международной некоммерческой организации «Каббала ле Ам». Автор книг по интегральному воспитанию и каббале: «Наука каббала. Базовый курс», «Построение интегрального общества». Редактор книг: «В поисках счастья», «Путешествие с каббалистом по Израилю», «Главный секрет евреев», «Путешествие в душу человека». Ведущий телепрограмм на «Открытом телеканале».

Борис Белоцерковский – опытный преподаватель Международной академии каббалы. С 2017 г. руководит русскоязычным направлением в распространении, отвечая за менеджмент всех происходящих в МАК процессов: преподавание (онлайн, оффлайн); программы, материалы, подготовка, технология; организация людей и классов.

Александр Козлов – кандидат экономических наук, ведущий научный сотрудник, ведущий преподаватель Международной академии каббалы (МАК), ведущий обозреватель МАК ТВ, занимается подготовкой контента (видео, учебных материалов), ведет свой блог, вебинары «Знакомство с каббалой», онлайн «МАК Клуб», творческие достижения – редактор «Сборника трудов Бааль Сулама», книги «Вавилонская башня – последний ярус».

КНИЖНЫЙ ИНТЕРНЕТ-МАГАЗИН

ЕВРОПА, АФРИКА, БЛИЖНИЙ ВОСТОК
https://books.kab.co.il/ru/

РОССИЯ, СТРАНЫ СНГ И БАЛТИИ
https://kbooks.ru

УКРАИНА И МОЛДОВА:
https://kabbooks.in.ua/

АМЕРИКА, АВСТРАЛИЯ, АЗИЯ
https://www.kabbalahbooks.info

16+

М. Санилевич,
Б. Белоцерковский, А. Козлов

НАВЫКИ ЖИЗНИ

Практический курс

ISBN 978-965-551-030-0
DANACODE 760-164

Дизайн обложки: К. Рудешко.
Верстка: С. Добродуб.
Выпускающий редактор: С. Добродуб.

www.ingramcontent.com/pod-product-compliance
Lightning Source LLC
Chambersburg PA
CBHW071436080526
44587CB00014B/1868